AUFSTIEG UND NIEDERGANG
DER RÖMISCHEN WELT

I.4

AUFSTIEG UND NIEDERGANG
DER RÖMISCHEN WELT

GESCHICHTE UND KULTUR ROMS
IM SPIEGEL DER NEUEREN FORSCHUNG

HERAUSGEGEBEN

VON

HILDEGARD TEMPORINI

I

WALTER DE GRUYTER · BERLIN · NEW YORK
1973

VON DEN ANFÄNGEN ROMS BIS ZUM AUSGANG DER REPUBLIK

VIERTER BAND

(TAFELN)

WALTER DE GRUYTER · BERLIN · NEW YORK
1973

1a, b. Trani (Bari): tomba a galleria, 'Santeramo'

2b. Bisceglie (Bari): tomba a galleria

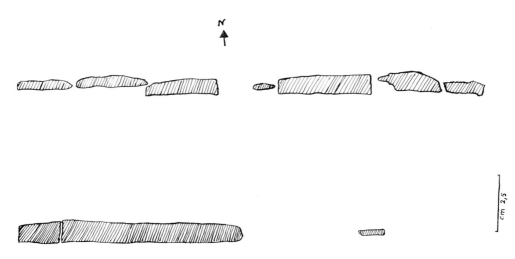

2a. Trani (Bari): tomba a galleria in contrada 'Santeramo'

3a. Corato (Bari): tomba a galleria vista da est

3b. Stessa tomba vista da nord

4a. Ostuni-Fasano (Brindisi): tomba a galleria vista da sud-est

4b. Vista da nord con tracce di riutilizzazione moderna

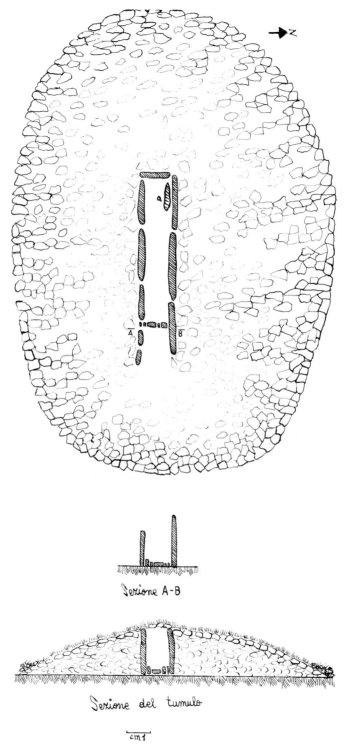

5. Bisceglie (Bari): tomba a galleria, in contrada 'Alborosa' (rilievo BIANCOFIORE 1961)

6a–c. Giovinazzo (Bari): tomba a galleria in contrada, 'S. Silvestro'

7a–h. Vasellame dalle tombe a galleria di Bisceglie (Bari)

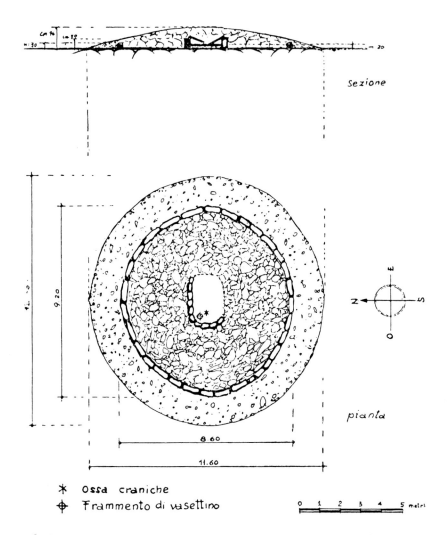

8. Altamura (Bari): sepolcro a tumulo n. 1 del terzo tipo in contrada 'La Mena'

9a, b. Altamura (Bari): sepolcro a tumulo n. 1 in contrada 'La Mena'

10a,b. Altamura (Bari): sepolcro a tumulo n. 2 in contrada 'La Mena'

11. Altamura (Bari): vaso geometrico dal sepolcro a tumulo n. 1 in contrada 'La Mena'

a

b

d

c

e

f

12a–f. Conversano (Bari): sepolcro a tumulo del VI secolo con corredo

† Vulca, Rom und die Wölfin.
Untersuchung zur Kunst des frühen Rom

von Otto Wilhelm v. Vacano, Tübingen

Abbildungsverzeichnis

Abb. 1 u. 2 nach O. W. v. Vacano, Die Etrusker, 1955, Taf. 26 u. 28. — Abb. 3, 4 u. 9: Aufn. Sopr. Ant. d'Etrur., Florenz, Nr. 5619, 6875 u. 21 989/2. — Abb. 5 u. 7 nach Ant. Plastik, 4, 2, 1965, S. Haynes, Taf. 10a u. 6a. — Abb. 6, 12 u. 13 nach G. M. A. Hanfmann, Etr. Plastik, 1956, Taf. 10, 8a u. b. — Abb. 8 nach Ant. Plastik, 7, 1, 1967, A. Andrén, Taf. 2. — Abb. 10, 14 u. 30 nach L. Banti, Die Welt der Etrusker, 1960, Taf. 28, 34 u. 30. — Abb. 11 u. 25 nach A. Andrén, Architectural Terracottas, 1940, Taf. 128, 450 u. 127, 444. — Abb. 15 nach A. Hus, Statuaire en pierre, 1961, Taf. 40. — Abb. 16 u. 24 nach San Giovenale, 1960, Bild 109 u. 111. — Abb. 17, 18, 23, 28, 26 u. 27 nach E. Gjerstad, Early Rome, 3, 1960, Fig. 156, 1 u. 3, 119, 3, 92, 3, 283 u. 286. — Abb. 19 nach M. Pallottino, ArchCl. 2, 1950, Taf. 30. — Abb. 20 u. 21 nach Ant. Denkm., 3, 1926, G. Q. Giglioli, Taf. 55 u. 45. — Abb. 22 nach M. Pallottino, ASAtene, 24—26, 1950, Taf. 10. — Abb. 29: Foto R. Balluff, Tübingen. — Abb. 31 nach M. Pallottino u. H. u. I. Jucker, Etr. Kunst, 1965, Abb. 95. — Abb. 32: Aufn. E. Zimen, Max-Planck-Institut, Kiel. — Abb. 33: Aufn. D. Schönberger, Berlin. — Abb. 34—47: Aufn. DAI Rom, Nr. 70. 652, 653, 658, 657, 659; 61. 317; 70.654, 655, 662, 660, 665, 666, 664, 663. — Abb. 48: Aufn. A. Münchow, Aachen.

Abb. 1 Kanopus aus Chiusi, H 42 cm, 2. Viertel 7. Jh. v. Chr. Berlin.

Abb. 2 Figurenvase aus Betolle bei Chiusi, H 78 cm, Mitte 7. Jh. v. Chr. Berlin.

Abb. 3 Weibl. Torso aus der Pietrera bei Vetulonia, H 64 cm, 625—610 v. Chr. Florenz.

Abb. 4 Weibl. Kopf aus der Pietrera bei Vetulonia, H 28 cm, 625—610 v. Chr. Florenz.

Abb. 5 Bronzebüste aus Vulci, H 34 cm, Anfg. 6. Jh. v. Chr. London.

Abb. 6 Weibl. Grabplastik aus Cerveteri, H 53,7 cm, 1. Viertel 6. Jh. v. Chr.(?). London.

Abb. 7 'Isis' aus Vulci, H 88 cm, 580/70 v. Chr. London.

Abb. 8 Marmor-'Venus' aus Orvieto, H 76,5 cm, Letztes Viertel 6. Jh. v. Chr. Orvieto.

Abb. 9 Terrakottaplatte mit Götterversammlung vom Poggio Civitate, Br 54 cm, 2. Viertel 6. Jh. v. Chr. Florenz.

1. Kanopus aus Chiusi. Berlin   2. Figurenvase aus Betolle. Berlin

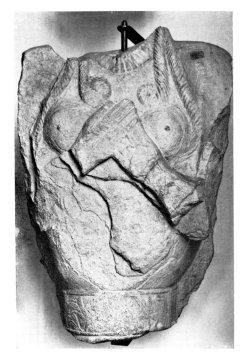

3, 4. Torso und weibl. Kopf aus der Pietrera bei Vetulonia. Florenz

5. Bronzebüste aus Vulci. London   6. Grabplastik aus Cerveteri. London

7. 'Isis' aus Vulci. London   8. Marmor-Venus' aus Orvieto. Orvieto

9. Terrakottaplatte vom Poggio Civitate. Siena

10. Stempelabrollung auf einem Buccherokelch. Florenz

11. Terrakottaplatte aus Velletri. Neapel

12, 13. Köpfe von Veienter Hausurnen. Vatikan

14. Antefix aus Veii. Villa Giulia

15. Kopf eines Kultbildes aus Falerii.
Villa Giulia

16. Terrakottaplatte vom Forum Romanum. Antiqu. Forense

17, 18. Terrakottaplatte und Antefix vom Comitium. Antiqu. Forense

19, 20. Göttin mit Kind und Apollo aus Veii. Villa Giulia

21, 22. Gefesselte Hirschkuh und männl. Torso aus Veii. Villa Giulia

23. Silensantefix vom Kapitol.
Kopenhagen

24. Ähnl. Antefix unbek. Herkunft. Villa Giulia

25. Terrakottaplatte aus Velletri. Neapel

26, 27. Terrakotta-Minerva und Herkules-Torso vom Forum Boarium. Antiqu. Comunale

28. Terrakotta-Fragment einer sterbenden Amazone (?) vom Esquilin. Antiqu. Comunale

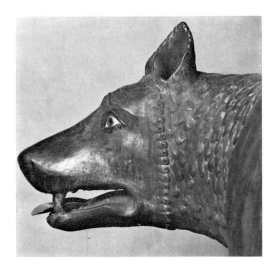

29. Kapitolinische Wölfin,
Ergänzungsversuch

30. Hadeshaupt mit Wolfskappe. Tarquinia

31. Grabstele in Bologna

32. Canis Lupus

33. Stehend säugende Wölfin im Freigehege

34, 35. Kapitolinische Wölfin, Haupt- und Rückansicht

36, 37. Kopf der Kapitolinischen Wölfin, l. und r. Profil

38, 39. Kapitolinische Wölfin, Halbprofil u. Draufsicht

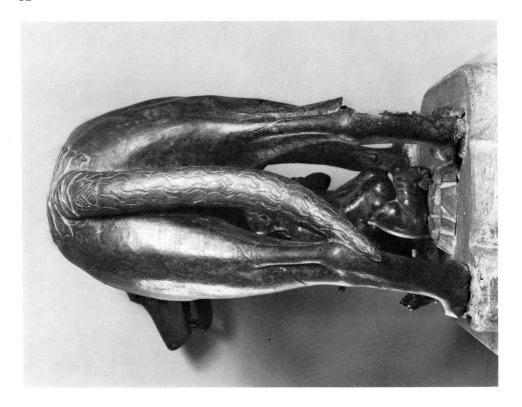

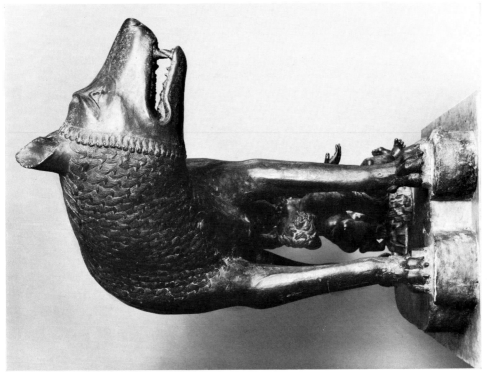

40, 41. Kapitolinische Wölfin von vorn und von hinten

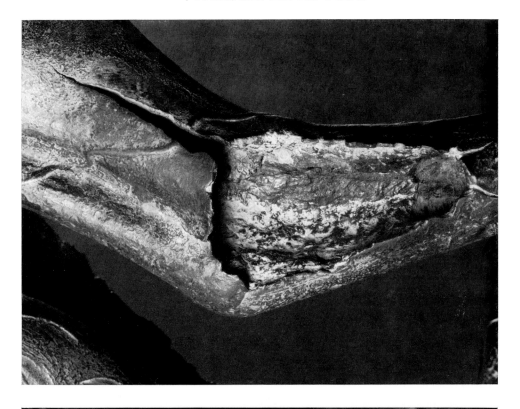

42, 43. Kapitolinische Wölfin, Blitz(?)-Verletzungen

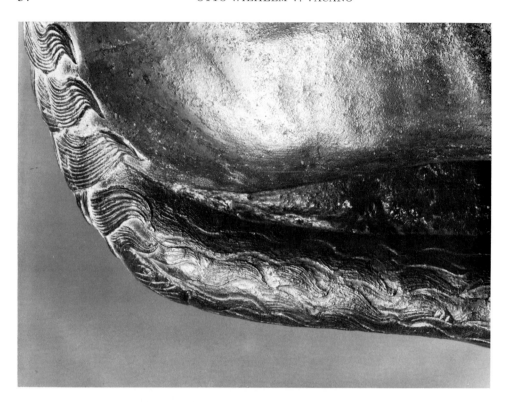

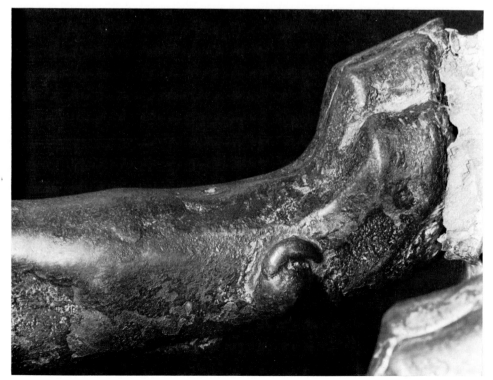

44, 45. Kapitolinische Wölfin, Vorderfuß mit Wolfskralle. Schwanzansatz (Rückseite)

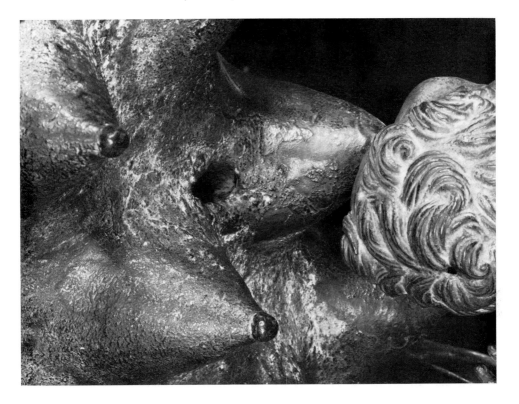

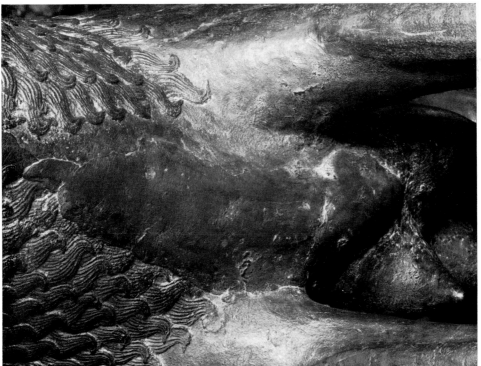

46, 47. Kapitolinische Wölfin. Ausbesserung vorn am Hals. Wandungsloch zwischen den Brüsten

48. Bronze-'Wölfin' im Atrium des Aachener Domes

Roman Costumes.
A Glossary and Some Etruscan Derivations

by Larissa Bonfante Warren, New York

List of Illustrations

I should like to thank the Museums and Institutions who have allowed me to use their photographs.

1. Fototeca Unione, 3246. 2. Stab. D. Anderson. 3. Archives Photographiques. 4. The Minneapolis Institute of Arts. 5. Palermo, Museo Nazionale. Neg. 981 B. 6. From Delbrueck, Consulardipt., fig. 13. 7. The Metropolitan Museum of Art, Fletcher Fund 1947. 8. Munich, Staatl. Ant. 2596. 9. Alinari. 10. Dresden Fotothek 8678. 11. Foto Marburg Nr. 180467. 12. From Heuzey, figs. 136, 135. 13. Berlin, Staatl. Mus.

Fig. 1 Relief from the Ara Pacis, Rome. *Flamines* in procession, wearing *apex* (*pilleus*), *laena* and *calcei*. Left, Augustus and consuls, with toga and *calcei*. Right, attendant and Agrippa, *capite uelato*. 13—9 B.C.

Fig. 2 Forerunner of the Roman *apex:* Villanovan helmet from Tarquinia. Eighth century B. C.

Fig. 3 Etruscan statuette of a youth with greaves, putting on a bordered *tebenna*, forerunner of the Roman toga. Paris, Bibliothèque Nationale, No. 938. Ca. 480 B. C.

Vacano Nr. 6 (cf. supr.) Terracotta statuette from Cerveteri: female head restored on a male body, wearing rounded(?), bordered plaid mantle pinned at right shoulder (*infibulatus*), maybe forerunner of the Roman *trabea*. London, British Museum D 220. Ca. 600 B. C.

Fig. 4 Etruscan statuette of a youth, bronze. Wears rounded, bordered *tebenna* draped over both shoulders, front and back, forerunner of Roman *laena*. The Minneapolis Institute of Arts, 47. 39. Ca. 470 B. C.

Fig. 5 Etruscan stone relief cippus from Chiusi with the laying out of the dead. Two male figures wearing a rounded *tebenna* over a long chiton. Palermo, Mus. Naz. Ca. 475 B. C.

Fig. 6 Relief panel from wooden door of the church of Santa Sabina, Rome. Acclamation scene. Above, emperor (Theodosius II ?) wearing *tunica manicata* with *cingulum*, *chlamys* or *paludamentum*, *zancae* (riding boots). Angel, wearing chiton and himation. Center, three senators in long *tunicae manicatae* (*dal-*

matica) and togas or *trabeae* in the *cinctus Gabinus*. Below, citizens (or clergy?) in dalmatics and *paenulae*. *Togati* and *paenulati* wear *calcei* or *campagi*. Ca. 430 A. D.

Fig. 7 Bronze finial, Early Christian or Merovingian, with seated male figures wearing hooded *paenulae*. New York, Metropolitan Museum of Art. Sixth century A. D. (?).

Fig. 8 Etruscan bronze statuette, female figure with high *tutulus* hairstyle; in back, the *uittae* which cover or substitute for the separate sections of hair. Munich, Staatl. Antikensammlungen No. 3678. Ca. 480 B. C.

Fig. 9 Statue of Vestal Virgin from the Forum, Rome, wearing high-girt tunic and *palla;* on her head, the *sex crines* with *infulae*, with *uittae* coming down over the shoulders, and the *suffibulum*, pinned under the throat. Rome, Mus. Naz. delle Terme. 200—225 A. D.

Fig. 10 Etruscan bronze statuette of a youth sacrificing, *incinctus* with his mantle, the forerunner of the Roman *cinctus Gabinus*. Dresden, Skulpturensammlung Inv. Z. V. 1869. Ca. 450 B. C.

Fig. 11 Attendant at a sacrifice carrying the *uexillum*, with *cinctus Gabinus*, *capite uelato*. From the so-called Altar of Domitius Ahenobarbus, Paris, Louvre. Later first century B. C.

Fig. 12 Shade of Anchises wearing the toga in the *cinctus Gabinus, capite uelato*. Illustration for the Aeneid in the 'Vatican Virgil' (Cod. Vat. Lat. 3225). Fourth century A. D.

Fig. 13 Praenestine cista with scene of sacrifice and (mythological?) triumph.

a. General, magistrate or hero, with bordered *tunica manicata*, 'Phrygian' pants, pointed shoes, *chlamys*. *Camillus* with unbelted tunic. Sacrificing priest with toga, *caput uelatum, calcei*.

b. Attendant with *limus*. Musician with army trumpet (*lituus*), greaves, *tunica palmata* (?).

c. d. Jupiter with himation, in triumphal chariot led by helmeted divinity (Mars?); youth (Iulus?) riding on trace horse.

Berlin, Staatl. Mus. 6238. Third-second century B. C.

1. Flamines in Procession, Ara Pacis. Rome

2. Villanovan Helmet. Tarquinia

3. Etruscan Statuette. Paris

4. Etruscan Statuette. Minneapolis

5. Etruscan Stone Relief Cippus. Chiusi

7. Bronze finial. New York

6. Relief Panel, Santa Sabina. Rome

9. Statue of Vestal Virgin. Rome

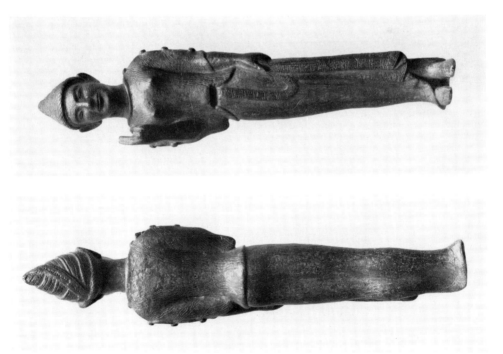

8. Etruscan Bronze Statuette. Munich

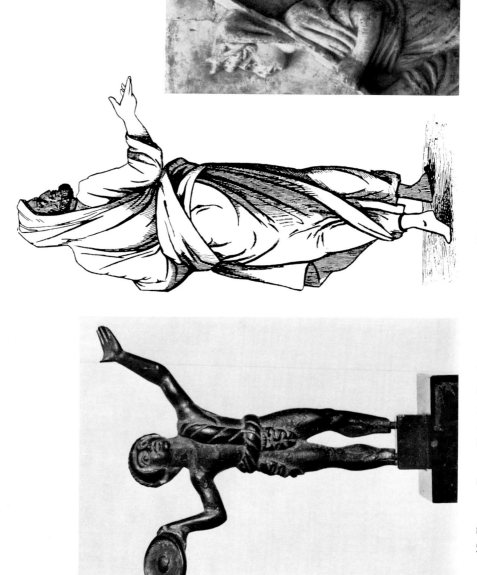

11. Attendant at a Sacrifice, from relief in Paris

12. Shade of Anchises

10. Etruscan Bronze Statuette. Dresden

13. Praenestine Cista. Berlin

Die Bildgeschichte der Flucht des Aeneas

von WERNER FUCHS, Münster

Abbildungsverzeichnis

Abb. 18   Aureus des Octavian von ca. 42 v. Chr. (Nach SYDENHAM CRR Taf. 28, 1104 A).

Abb. 19   Bronzemünze von Katane. London, Br. M. (Cat. Coins Sicily 52, Nr. 76. Nach Abguß).

Abb. 20   Bronzemünze von Katane. London, Br. M. (Cat. Coins Sicily 53, Nr. 77. Nach Abguß).

Abb. 21   Bronzemünze von Katane. London, Br. M. (Cat. Coins Sicily 52, Nr. 72. Nach Abguß). V: Kopf des Dionysos. RS: Die frommen Brüder.

Abb. 22   Bronzemünze von Katane. London, Br. M. (Cat. Coins Sicily 52, Nr. 70. Nach Abguß). Wie 21.

Abb. 23   Sesterz des Antoninus Pius (Nach V. SPINAZZOLA, Pompei alle luce degli scavi nuovi I [Rom 1953] 153 Abb. 188).

Abb. 24   Terrakottagruppe. Pompeji (Nach V. SPINAZZOLA, Pompei I 152 Abb. 187).

Abb. 25   Fresko. Pompeji, IX, XIII, 5 (Nach V. SPINAZZOLA, Pompei I 150 Abb. 183).

Abb. 26   Lampe. Tübingen Inv. H. 10. 1171 (aus Slg. HARTWIG, Rom). Nach Institutsaufnahme.

Abb. 27   Kopf des Askanios-Iulus(?). Rom, Forum Augustum (Nach P. ZANKER, Forum Augustum Taf. 35).

Abb. 28   Grabaltar der Petronia Grata. Turin (Nach P. ZANKER, Forum Augustum Abb. 42).

Abb. 29   Steingruppe aus Köln. Bonn (Nach P. ZANKER, Forum Augustum, Abb. 43).

Abb. 30   ⟨Affen-Aeneas⟩, Fresko aus Gragnano. Neapel (Nach RM. 60—61, 1953—54 Taf. 61).

Abb. 31   Gruppe aus ⟨Incendio di Borgo⟩ des Raffael. Rom, Vatikan (Nach V. SPINAZZOLA, Pompei I 155 Abb. 192).

Abb. 32   Marmorgruppe des G. L. Bernini. Rom, Villa Borghese (Nach V. SPINAZZOLA, Pompei I 154 Abb. 190).

1. Münze von Aineia

2. Schwarzfigurige Amphora. Tübingen

3. Kelchkrater. Boston

4. Etruskische rotfigurige Bauchamphora. München

6. Parthenon. Nordmetope 28

5. Lekythos. Gela

7–9. Marmorgruppe. Kos

10. Terrakotta von Kharayeb

11, 12. Denare Caesars

13–16. Bronzemünzen von Segesta

17. Denar des M. Herennius

18. Aureus des Octavian

19–22. Bronzemünzen von Katane

23. Sesterz des Antoninus Pius

24. Terrakottagruppe. Pompeji

25. Fresko. Pompeji

26. Lampe. Tübingen

27. Kopf des Askanios Iulus (?). Rom

28. Grabrelief der Pretonia Grata. Turin

29. Steingruppe aus Köln. Bonn

30. 'Affen-Aeneas', Fresko. Neapel

31. Raffael, Gruppe aus 'In-
cendio di Borgo'. Vatikan

32. Bernini, Marmorgruppe.
Rom, Villa Borghese

L'architettura romana nell'età della repubblica

di Luigi Crema, Milano

Indice delle illustrazioni

1. Ricostruzione plastica del Capitolium. Roma

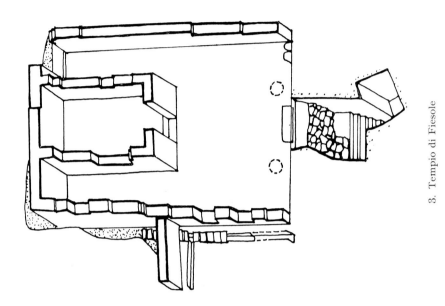

3. Tempio di Fiesole

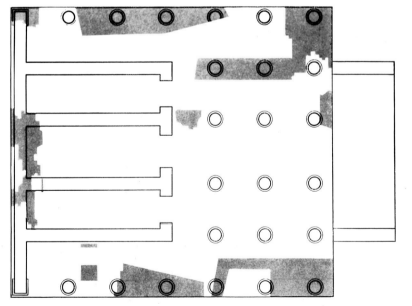

2. Ricostruzione di un tempio etrusco arcaico

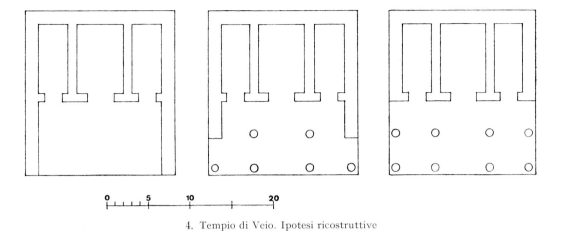

4. Tempio di Veio. Ipotesi ricostruttive

5. Modello di tempietto (?) da Velletri. Roma

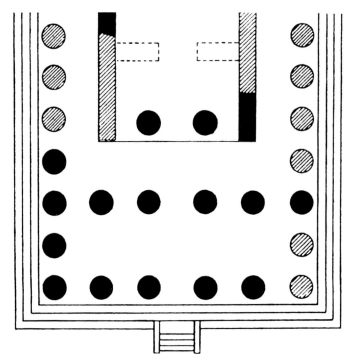

6. Siracusa: Pronao del tempio di Apollo

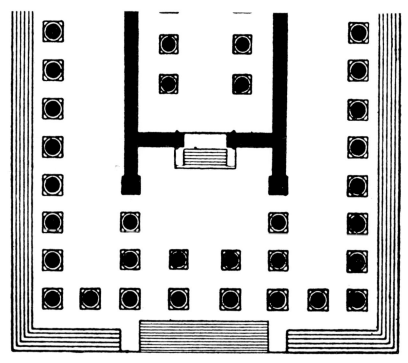

7. Sardi: Pronao del tempio di Artemide-Cibele

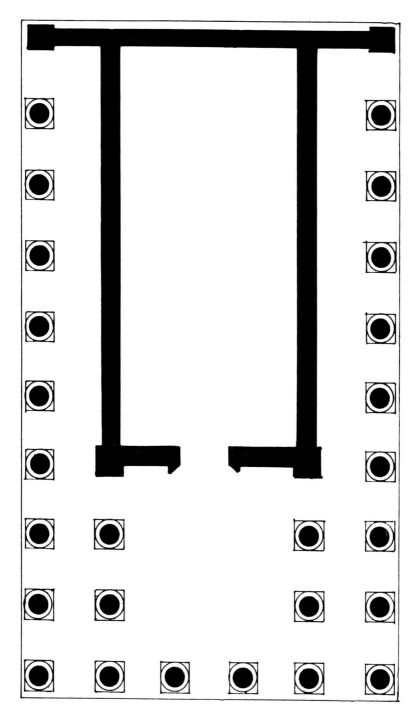

8. Roma: Tempio ionico italico nel Foro Olitorio

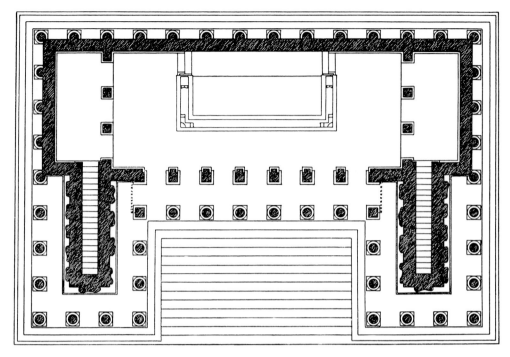

a.

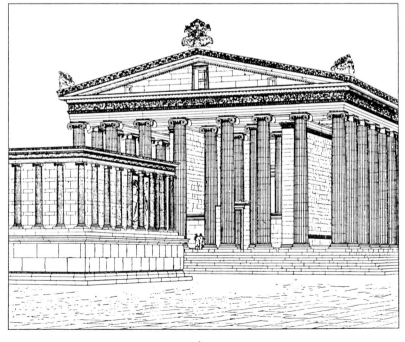

b.

9. Magnesia: Altare davanti al tempio di Artemide, a. Pianta, b. Ricostruzione

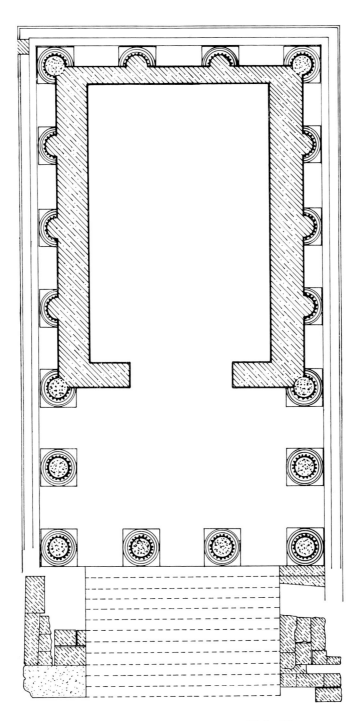

10. Roma: Tempio detto della Fortuna Virile. Pianta

11. Roma: Tempio detto della Fortuna Virile. Veduta dal lato posteriore

a.

b.

12. Tivoli: Tempio detto della Sibilla, a. Particolare, b. Capitello

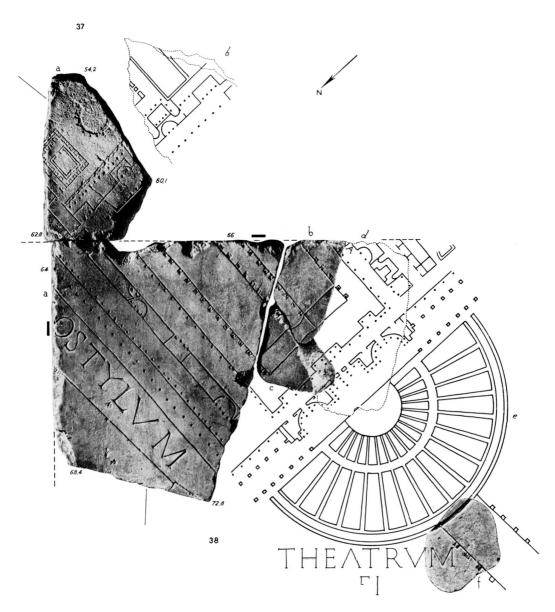

13. Teatro e portico di Pompeo dalla Forma Urbis

14. Pompei: Il foro. Veduta delle rovine

15. Pompei: Il foro. Ricostruzione plastica

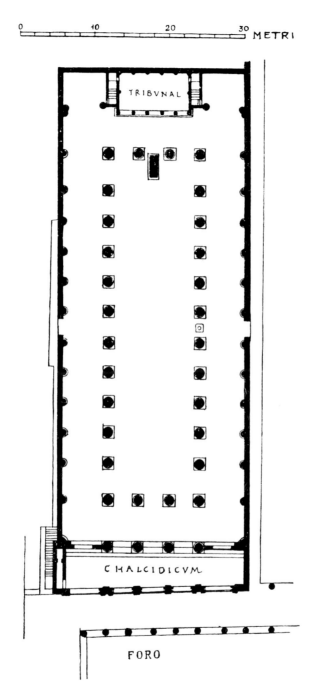

16. Pompei: Basilica. Pianta

17. Pompei: Basilica. Veduta dell'interno

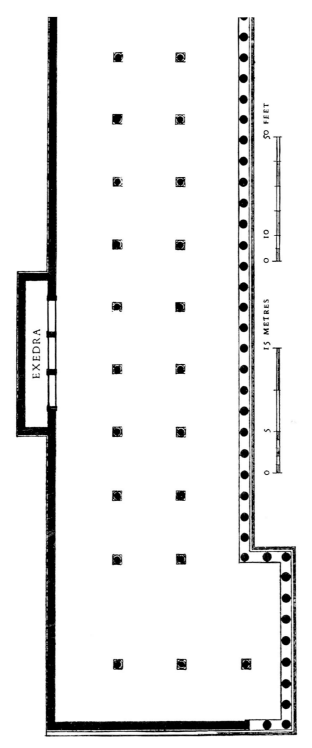

18. Megalopoli: Stoà di Filippo. Ricostruzione parziale della pianta

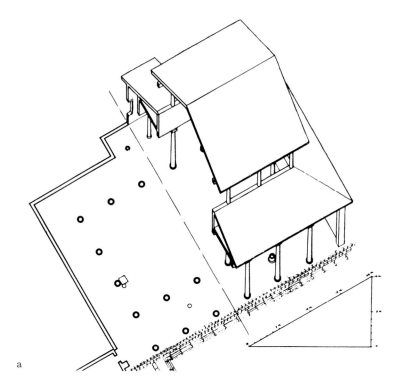

a

b

19. Cosa: Basilica, a. Ricostruzione, b. Veduta aerea

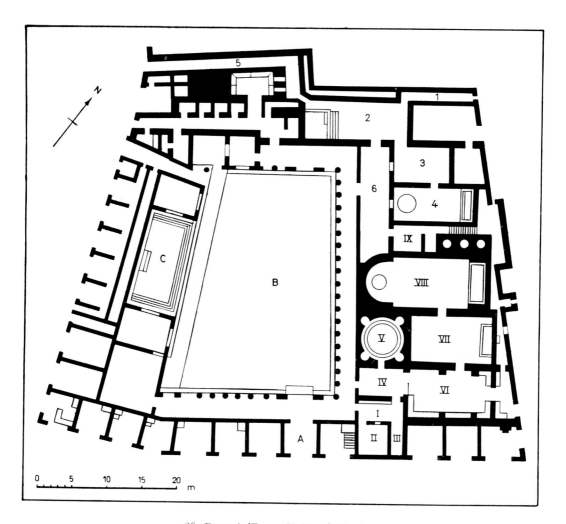

20. Pompei: 'Terme Stabiane'. Pianta

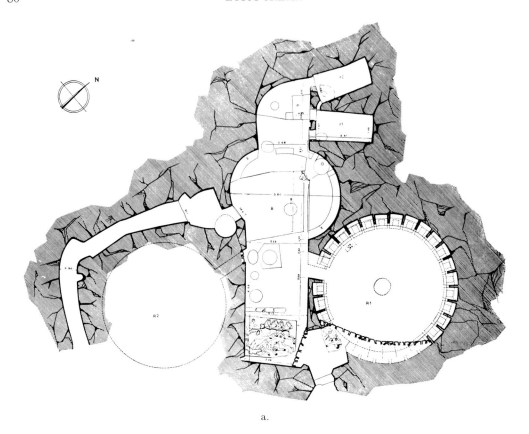

a.

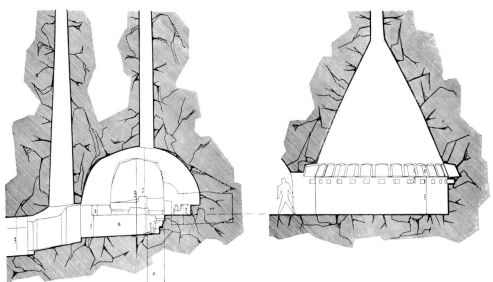

b.

21. Pireo: Bagni, a. Pianta, b. Sezioni

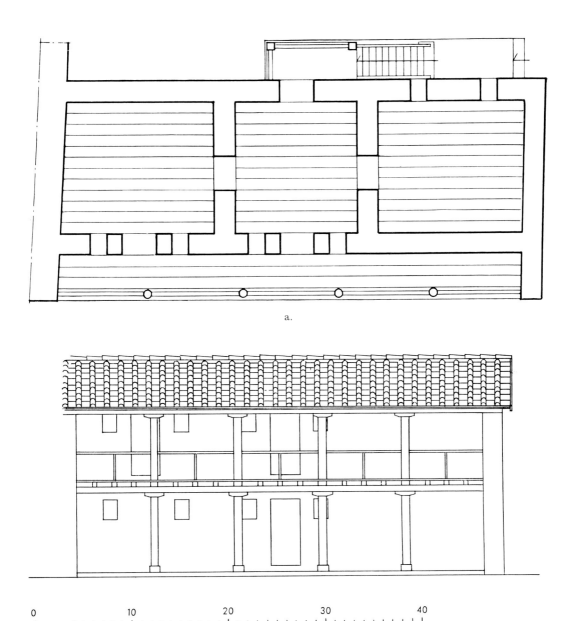

a.

b.

22. Roma: Ricostruzione di una casa sulla via sacra, a. Pianta, b. Prospetto

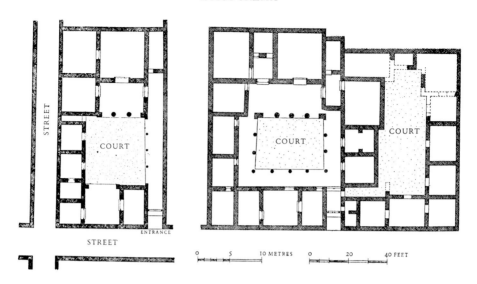

23. Pianta originaria e ampliamento di una casa a Priene

24. Delo: Peristilio della 'Casa di Hermes'. Ricostruzione

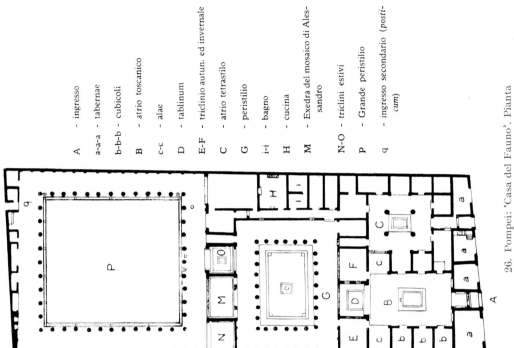

A   - ingresso
a-a-a - tabernae
b-b-b - cubicoli
B   - atrio toscanico
c-c   - alae
D   - tablinum
E-F   - triclinio autun. ed invernale
C   - atrio tetrastilo
G   - peristilio
i-i   - bagno
H   - cucina
M   - Exedra del mosaico di Ales-
         sandro
N-O   - triclini estivi
P   - Grande peristilio
q   - ingresso secondario (*posti-
         cum*)

26. Pompei: 'Casa del Fauno'. Pianta

25. Alessandria: Ipogeo di el-Wardian. Pianta

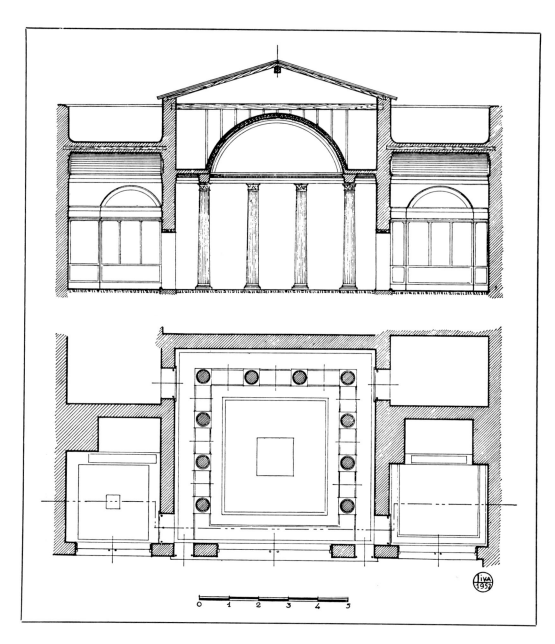

27. Pompei: Oecus corinthius nella 'Casa del Labirinto'

28. Roma: 'Casa dei Grifi'. Decorazioni del 'II stile'

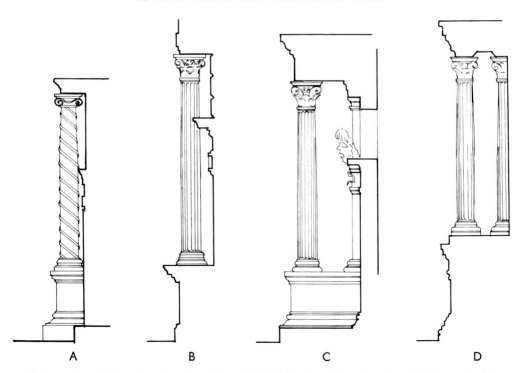

A   B   C   D

29. Sezioni architettoniche da decorazioni del II stile' (A–C) e dell'ordine interno nell'aula absidata
di Palestrina

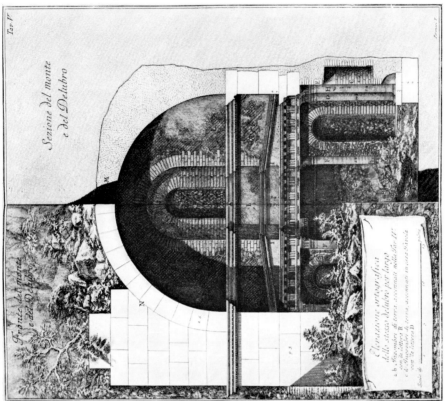

30. 'Ninfeo dorico' sul Lago di Albano, a. Pianta, b. Sezione (PIRANESI)

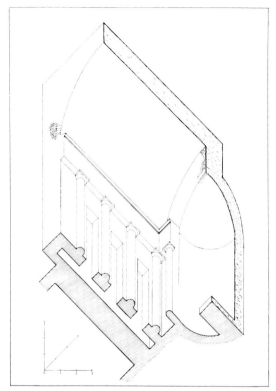

31. Tivoli: 'Ninfeo S. Antonio'. Ricostruzione assonometrica

32. Priene: Altare di Athena. Ricostruzione

a.

SEZIONE A·B

b.

SEZIONE C·D

33. Formia: Ninfeo della villa detta di Cicerone, a. Veduta, b. Sezioni

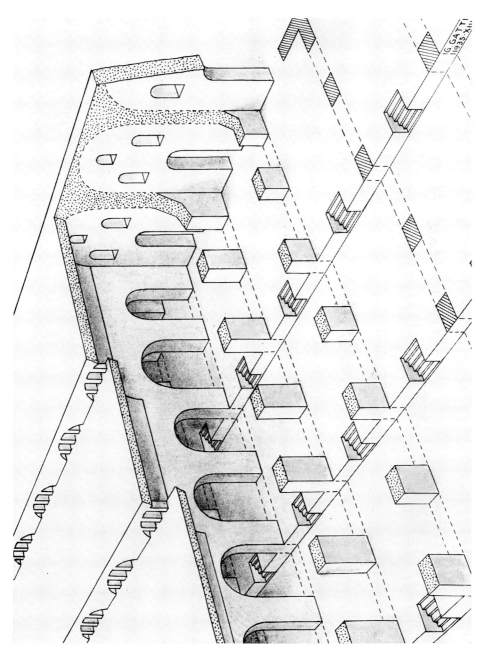

34. Roma: Porticus Aemilia. Sezione ricostruttiva

a.

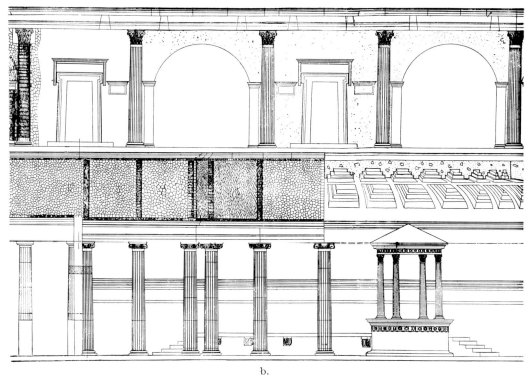

b.

35. Preneste: Santuario della Fortuna, a. Ricostruzione plastica,   b. Particolare delle terrazze

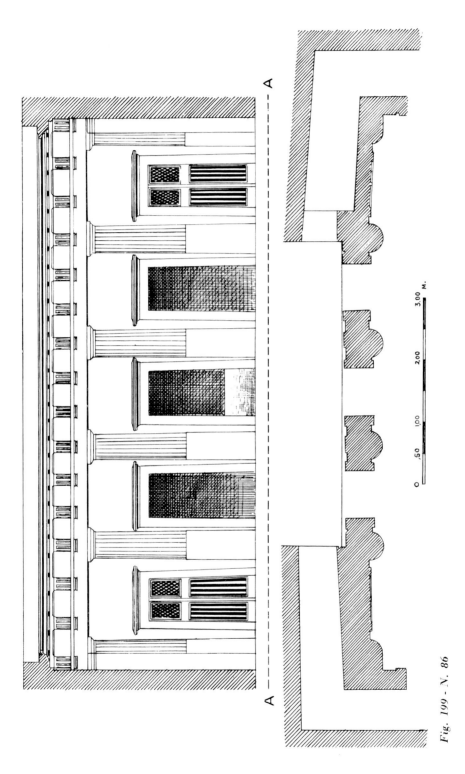

Fig. 199 - N. 86

36. Alessandria: Necropoli di Mustafâ Pascià. Particolare dell'ipogeo N. 3

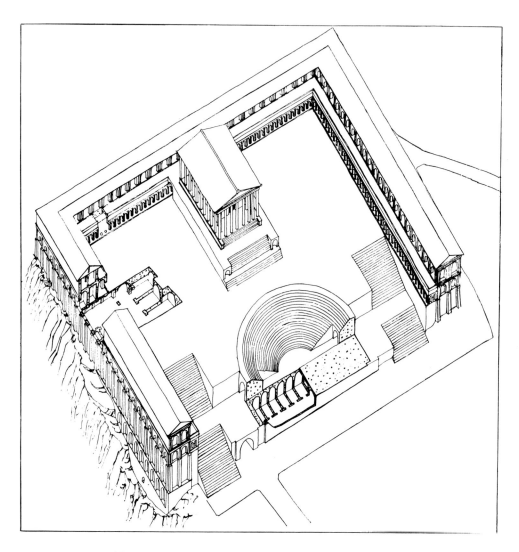

37. Tivoli: Santuario di Ercole. Ricostruzione assonometrica

38. Tivoli: Santuario di Ercole, Veduta della grande terrazza porticata all'inizio di questo secolo

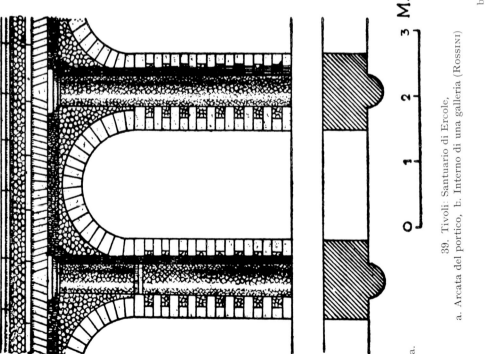

39. Tivoli: Santuario di Ercole,
a. Arcata del portico, b. Interno di una galleria (ROSSINI)

40. Roma: Veduta del Tabularium

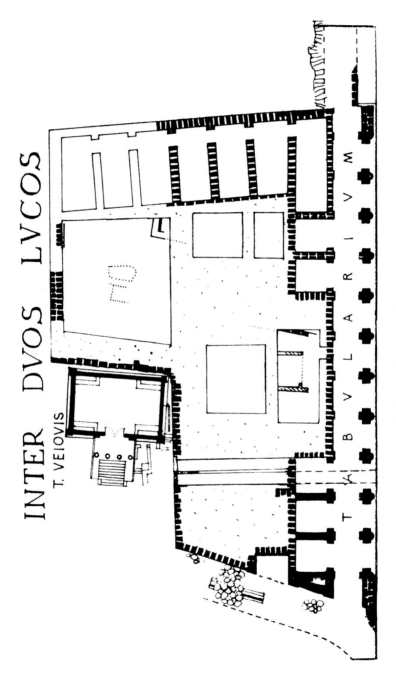

41. Roma: Pianta del Tabularium

42. Roma: Interno del Tabularium

43. Terracina: Tempio di Giove, Veduta esterna delle arcate

44. Terracina: Tempio di Giove, Veduta interna delle arcate

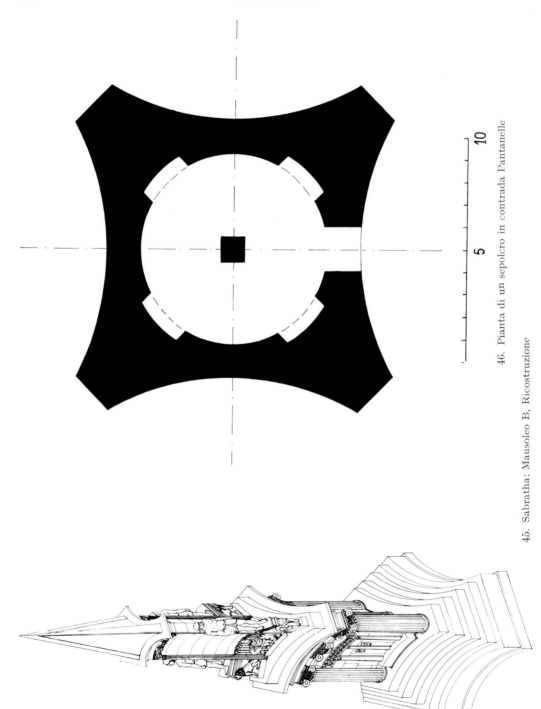

46. Pianta di un sepolcro in contrada Pantanelle

45. Sabratha: Mausoleo B, Ricostruzione

'Esedra' e 'ninfeo' nella terminologia architettonica del mondo romano

di Salvatore Settis, Pisa

Indice delle illustrazioni

Fig. 13   Cirene, santuario di Apollo. Pianta generale. La 'fontana presso i propilei' corrisponde al nr. 6, il 'ninfeo della ninfa Cirene' al nr. 22. (Da Enc. Arte Ant., II, Roma 1959.)

Fig. 14   Atene, la fonte Clessidra: spaccato e pianta. (Da J. TRAVLOS, Bildlexikon zur Topographie des antiken Athen, Tübingen 1971.)

Fig. 15   Olimpia, il ninfeo di Erode Attico. Disegno ricostruttivo d'insieme (assonometria). (Da Ann. Scuola Norm. Super. di Pisa, s. II, XXXVII, 1968.)

Fig. 16   Olimpia, Museo. Toro dal parapetto del ninfeo di Erode Attico. (Fot. Deutsches Archaeol. Inst., Atene.)

Fig. 17   Roma, piazza Vittorio Emanuele. Il ninfeo di Severo Alessandro. (Fot. Fototeca Unione, nr. 3079.)

Fig. 18   Roma, il ninfeo di Severo Alessandro. Pianta sommaria (e largamente imprecisa: p. es., totalmente da correggere sarebbe la forma del bacino antistante). (Da R. BURGESS, The Topography and Antiquities of Rome, I, London 1931.)

Fig. 19   Roma, Villa Albani. Modellino di fontana (per l'inserimento in un ninfeo) con Oceano. (Fot. Fototeca Unione, nr. 7269.)

Fig. 20   Cincari (Tunisia), edificio termale. Pianta del *frigidarium* con Settizodio. (Da Monum. Piot, LII, 1962.)

Fig. 21   Roma, La pianta del Settizodio sulla Forma Urbis con saggio d'integrazione.

Fig. 22   Thugga (Tunisia). Pianta generale degli scavi. Il ninfeo noto dalle iscrizioni potrebbe essere la costruzione indicata in pianta col nr. 40. (Da C. POINSSOT, Les Ruines de Dougga, Tunis 1958.)

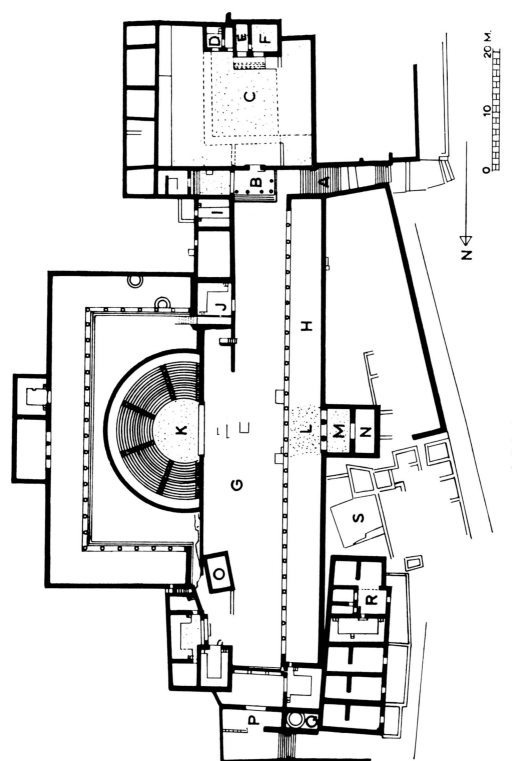

1. Delo: Santuario degli dei Siri

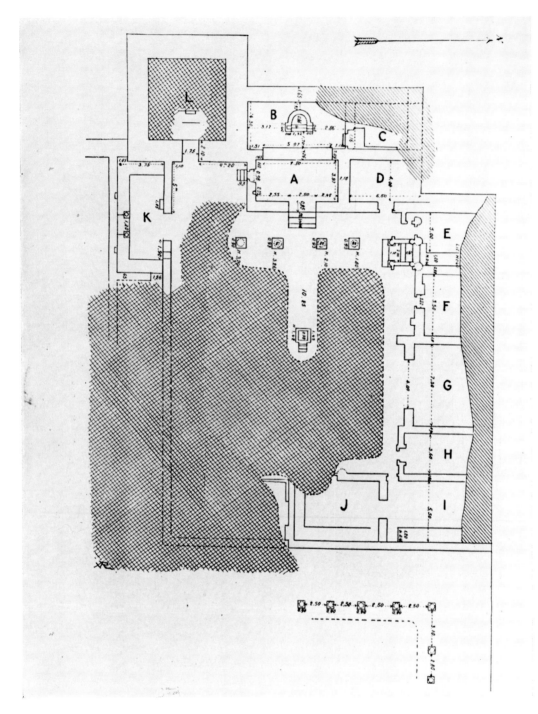

2. Dura Europo: Tempio degli dei di Palmira

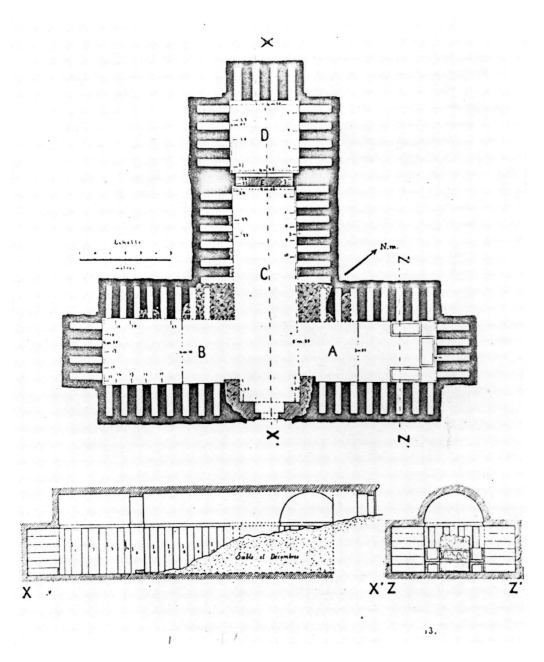

3. Palmira: Tomba 'dei Tre Fratelli'

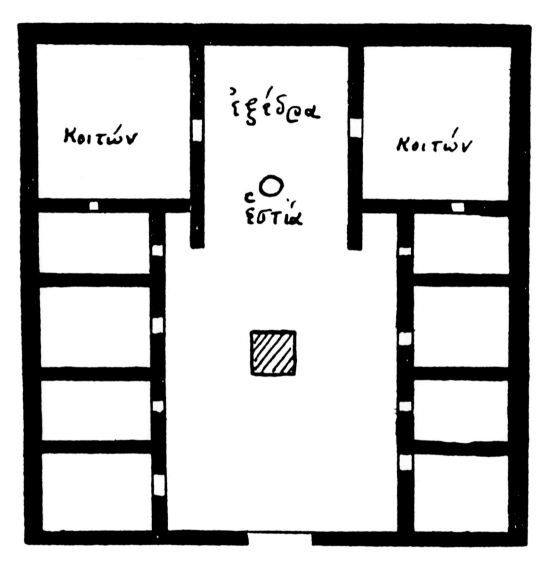

4. Pianta ricavata dal testo di Galeno

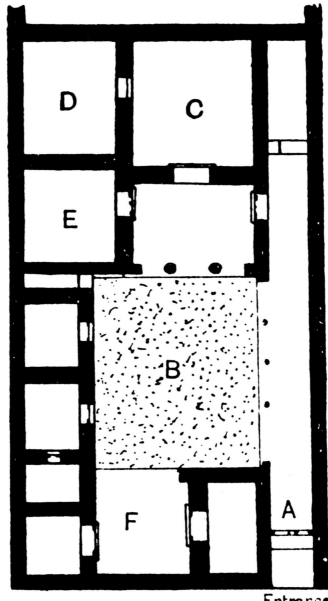

5. Priene: Pianta di una casa

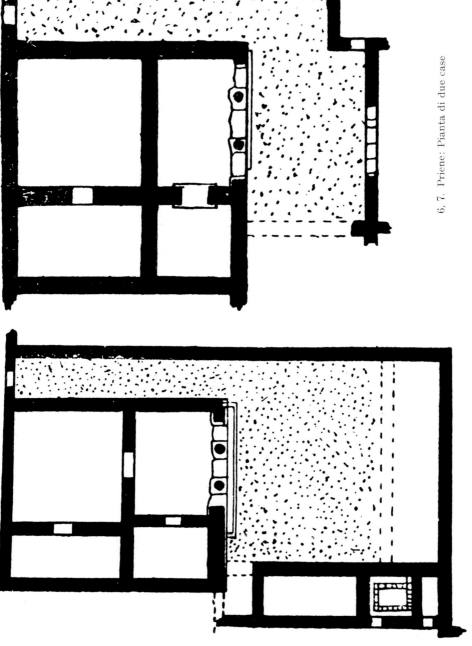

6, 7. Priene: Pianta di due case

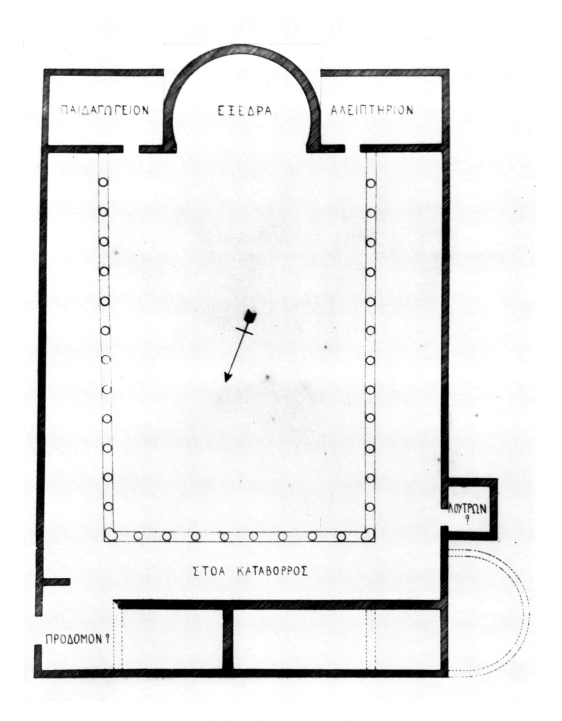

8. Delo: 'Palestra del Lago'

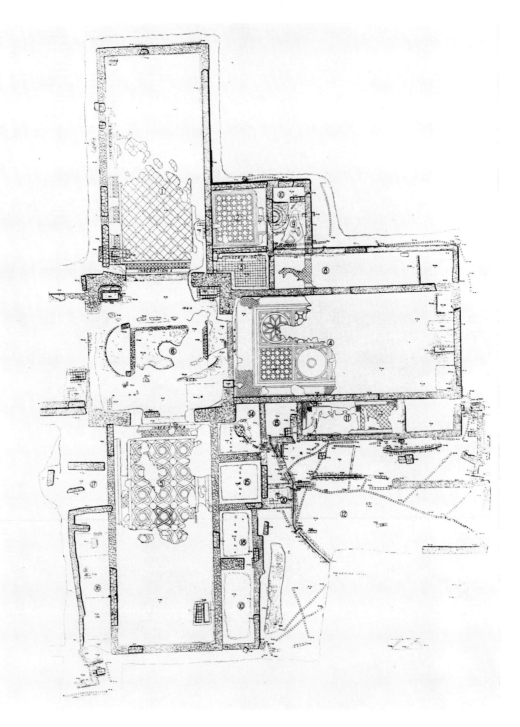

9. Antiochia: Chiesa cruciforme

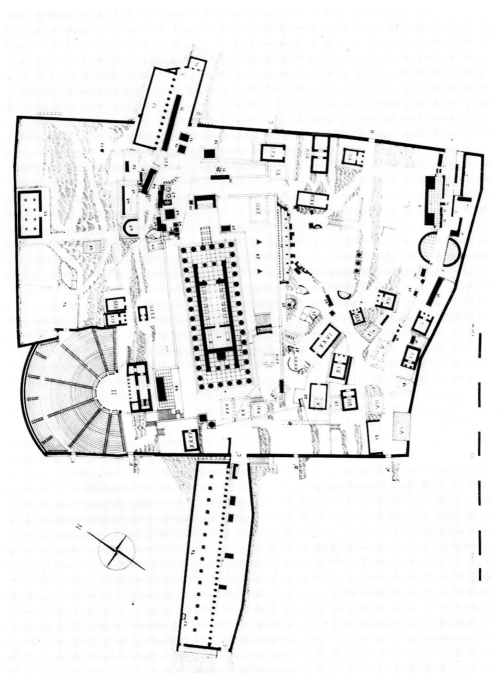

10. Delfi: Santuario di Apollo

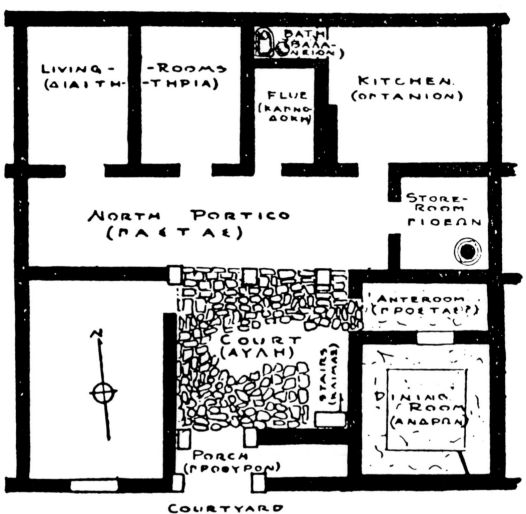

11. Olinto: Pianta di una casa

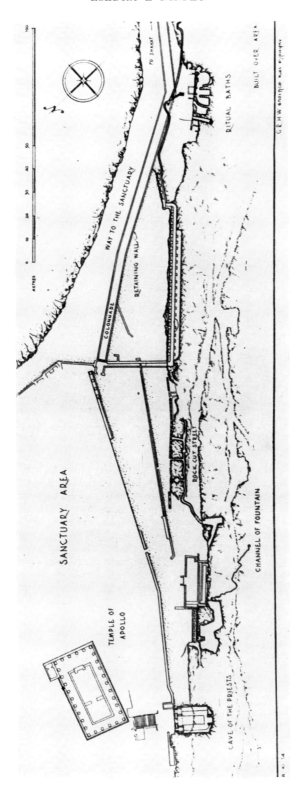

12. Cirene: La terrazza della Fonte di Apollo

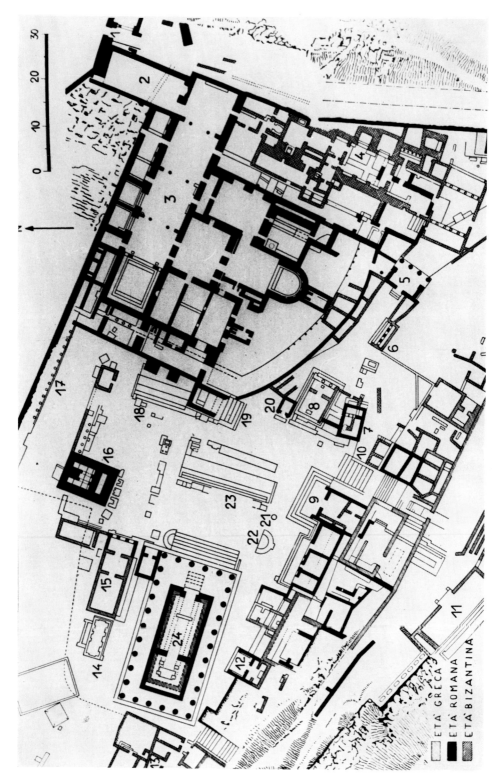

13. Cirene: Santuario di Apollo

ETÀ GRECA
ETÀ ROMANA
ETÀ BIZANTINA

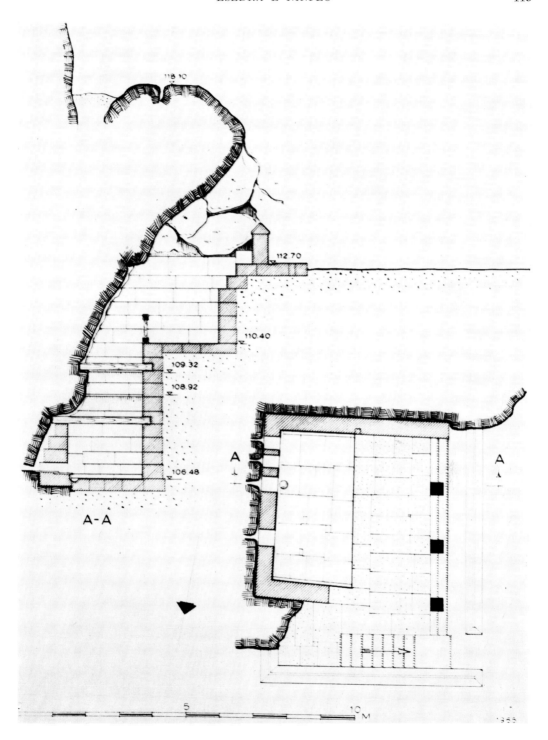

14. Atene: La fonte Clessidra

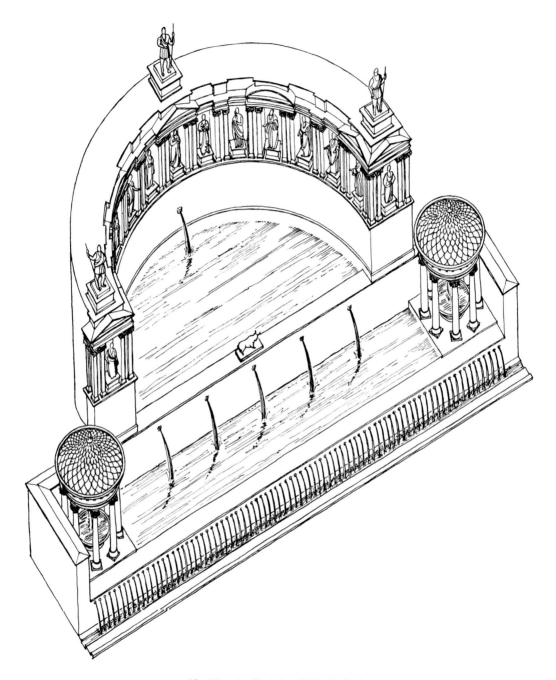

15. Olimpia: Il ninfeo di Erode Attico

16. Olimpia: Toro dal parapetto del ninfeo di Erode Attico

17. Roma: Il ninfeo di Severo Alessandro in Piazza Vittorio Emanuele

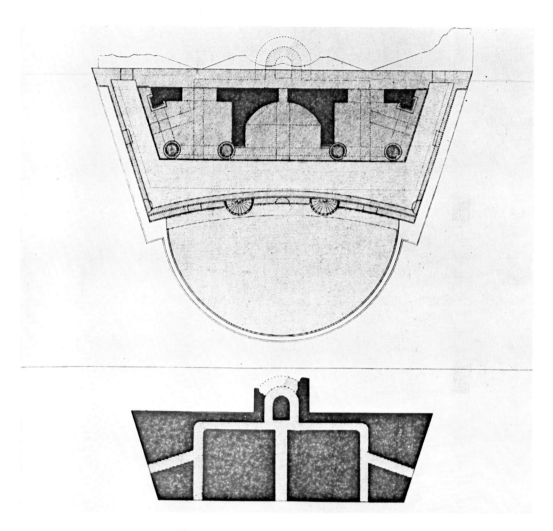

18. Roma: Il ninfeo di Severo Alessandro

19. Roma, Villa Albani: Modellino di fontana con Oceano

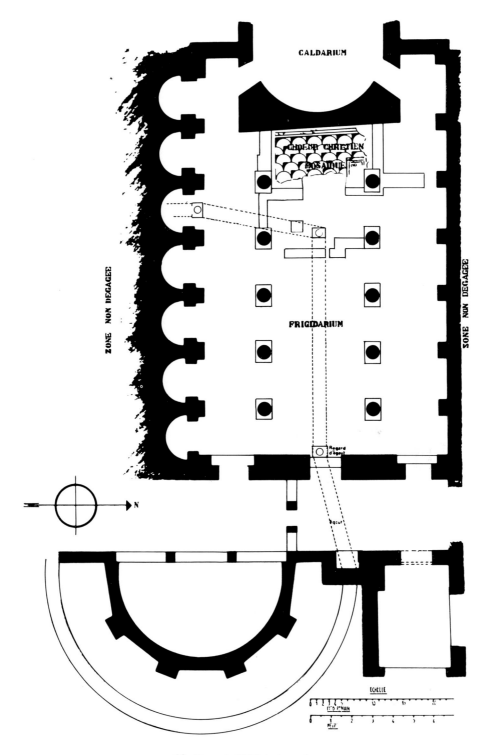

20. Cincari: Edificio termale

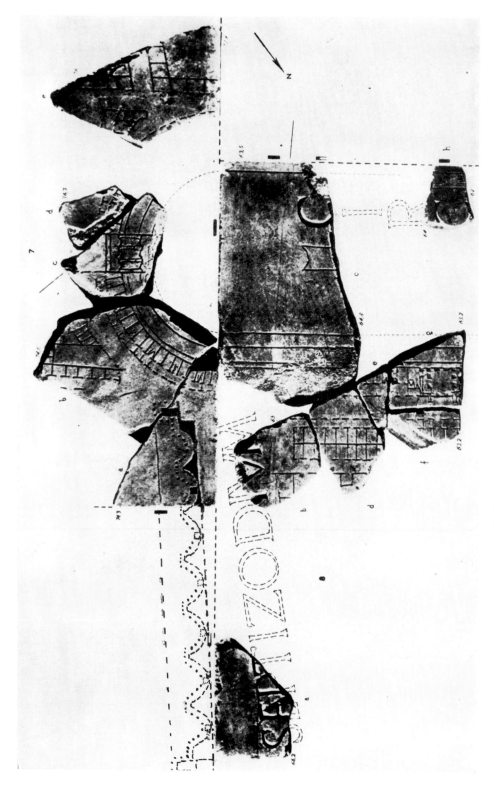

21. Roma: La pianta del Settizodio sulla Forma Urbis

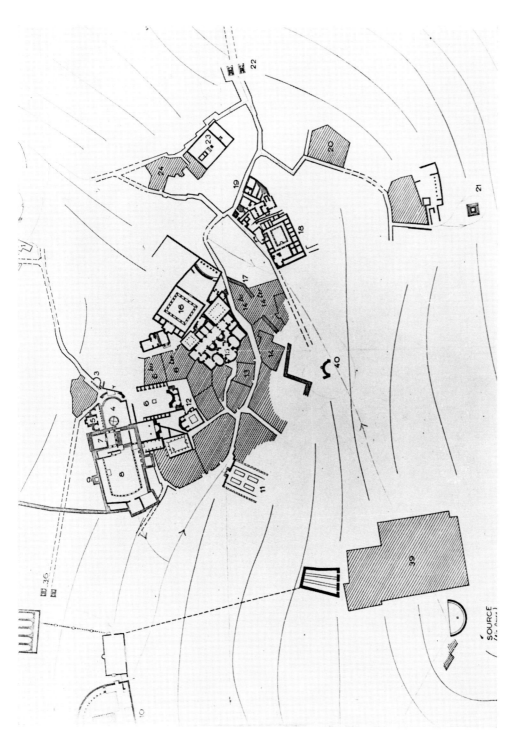

22. Thugga: Pianta generale degli scavi

La datazione e l'inquadramento stilistico del santuario della Fortuna Primigenia a Palestrina

di Giorgio Gullini, Torino

Indice delle Illustrazioni

b. Palestrina, Museo Barberini. Statua femminile dalla piazza della Cortina (Cat. N. 4), profilo.

Fig. 16   Palestrina, Museo Barberini. Statua femminile dalla piazza della Cortina (Cat. N. 3). H: m. 1,40.

Fig. 17   Palestrina, Museo Barberini. Fronte di coppo terminale dal tetto del portico orientale della terrazza della 'Cortina'.

Fig. 18   Palestrina, Museo Barberini. Antefissa figurata (Cat. N. 133), parte posteriore di contatto con il coppo. H: m. 0,27.

Fig. 19   Palestrina, Museo Barberini. Antefissa figurata (Cat. N. 134) applicata a un coppo terminale del tetto dei portici della 'Cortina'. H. antefissa: m. 0,28; H. coppo: m. 0,21.

Fig. 20   a. Palestrina, Museo Barberini. Antefissa figurata (Cat. N. 133). H: m. 0,27.

           b. Palestrina, Museo Barberini. Antefissa figurata (Cat. N. 133), profilo.

Fig. 21   Palestrina, Museo Barberini. Antefissa figurata (Cat. N. 132). H: m. 0,20.

Fig. 22   Palestrina, Museo Barberini. Antefissa figurata (Cat. N. 150). H: m. 0,18.

Fig. 23   Palestrina, Museo Barberini. Antefissa figurata (Cat. N. 154). H: m. 0,12.

Fig. 24   Palestrina, Museo Barberini. Testina di antefissa figurata (Cat. N. 149). H: m. 0,09.

Fig. 25   Palestrina, Museo Barberini. Antefissa figurata (Cat. N. 155). H: m. 0,135.

Fig. 26   Palestrina, Museo Barberini. Testine di antefisse figurate (Cat. N. 153), H: m. 0,08; (Cat. N. 148), H: m. 0,085.

Fig. 27   Palestrina, Museo Barberini. Antefissa a palmetta (Cat. N. 130). H: m. 0,26.

Fig. 28   Palestrina, Museo Barberini. Sima frontonale (Cat. N. 178).

Fig. 29   Terracina. Acropoli di Monte S. Angelo. Tratto terminale delle mura in *opus incertum*, con due torri.

Fig. 30   Terracina. Acropoli di Monte S. Angelo. C. d. tempio piccolo.

Fig. 31   Terracina. Acropoli di Monte S. Angelo. C. d. campo trincerato, vani semisotterranei.

Fig. 32   Terracina, Museo. Modello ricostruttivo dei monumenti sull'acropoli di Monte S. Angelo.

Fig. 33   Terracina. Acropoli di Monte S. Angelo. Vani semisotterranei del c. d. campo trincerato separati dall'accesso dall'esterno delle mura.

Fig. 34   Terracina. Acropoli di Monte S. Angelo. Accesso dall'esterno delle mura (visto da monte) attraverso gli ambienti del c. d. campo trincerato.

Fig. 35   Terracina. Acropoli di Monte S. Angelo. Resti del portico della terrazza più alta, a ridosso del c. d. campo trincerato, visibile a sinistra.

Fig. 36   Terracina. Acropoli di Monte S. Angelo. C. d. tempio grande di Giove Anxur, fondazioni della sostruzione ad arconi su strutture preesistenti.

Tutte le fotografie sono dell'autore.

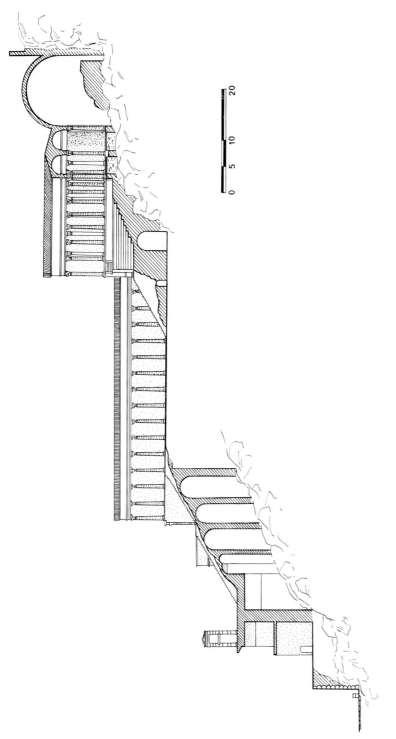

1. Palestrina. Santuario della Fortuna Primigenia. Sezione ricostruttiva del santuario superiore

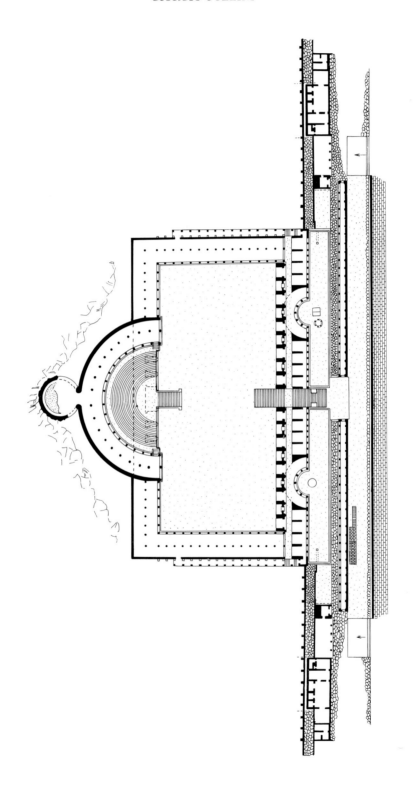

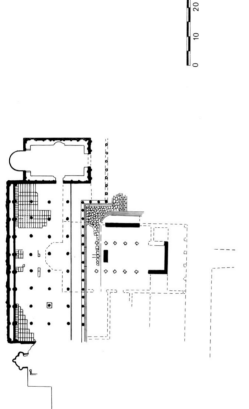

2. Palestrina. Santuario della Fortuna Primigenia. Pianta generale.

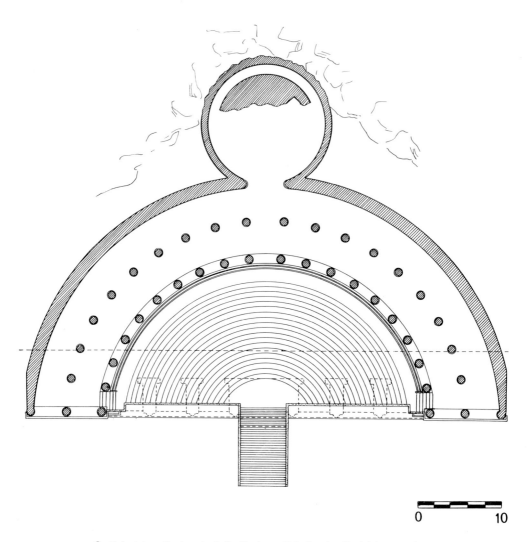

3. Palestrina. Santuario della Fortuna Primigenia. Emiciclo superiore

4. Palestrina. Santuario della Fortuna Primigenia. Sezione sul portico della 'Cortina'

5. Palestrina. Santuario della Fortuna Primigenia. Capitello corinzio
dei portici della 'Cortina'

6. Palestrina, Museo Barberini. Modello del Santuario superiore. Le terrazze dei fornici a semicolonne e della 'Cortina'

7. La scalinata centrale vista dal piano degli emicicli

8. Il grande emiciclo terminale

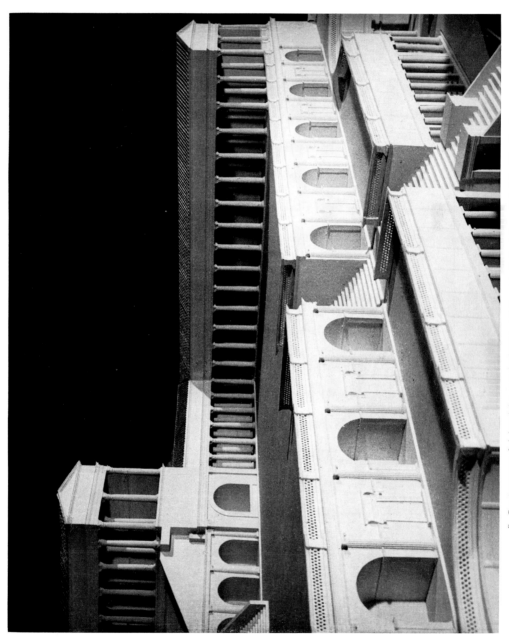

9. La terrazza dei fornici a semicolonne e l'ala orientale dei portici della 'Cortina'

10. Particolare del grande emiciclo terminale

11. La terrazza degli emicicli, parte occidentale

12a, b. Statua della Fortuna. Palestrina

13. Testa femminile. Palestrina

14. Statua femminile dalla piazza della Cortina. Palestrina

15a, b. Statua femminile dalla piazza della Cortina. Palestrina

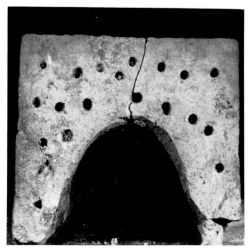

17. Fronte di coppo terminale

16. Statua femminile dalla piazza
della Cortina. Palestrina

18. Antefissa figurata,
attacco con il coppo. Palestrina

20a

20b

19. Antefissa figurata. Palestrina

20a, b. Antefissa figurata. Palestrina

21. Antefissa figurata. Palestrina

22. Antefissa figurata. Palestrina

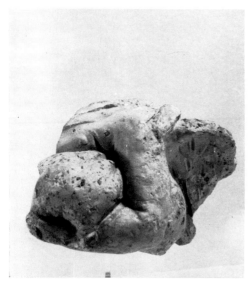

23. Antefissa figurata. Palestrina

24. Testina di antefissa figurata. Palestrina

25. Antefissa figurata. Palestrina

26. Testine di antefisse figurate. Palestrina

27. Antefissa a palmetta. Palestrina

28. Sima frontonale. Palestrina

29. Terracina. Acropoli di Monte S. Angelo

30. Terracina. Acropoli di Monte S. Angelo. 'Tempio piccolo'

31. Terracina. Acropoli di Monte S. Angelo. 'Campo trincerato'

32. Terracina, Museo. Modello dei monumenti sull'acropoli di Monte S. Angelo

33. Terracina. Acropoli di Monte S. Angelo. 'Campo trincerato'

34. Terracina. Acropoli di Monte S. Angelo. Accesso da Est

35. Terracina. Acropoli di Monte S. Angelo. Resti del portico della terrazza più alta

36. Terracina. Acropoli di Monte S. Angelo. 'Tempio grande' di Giove Anxur, fondazioni

Das römische Historienrelief I

von Ludwig Budde, Münster

Abbildungsverzeichnis

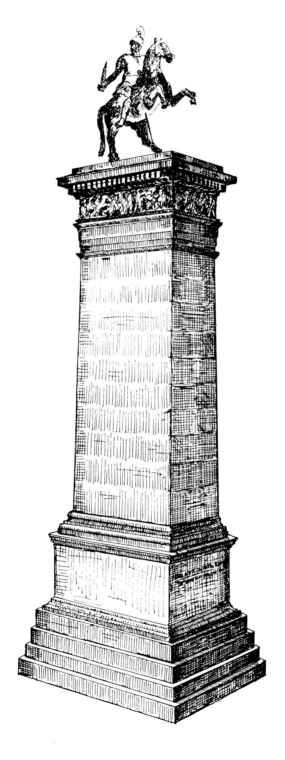

1. Delphi: Reiterdenkmal des Aemilius Paullus, Rekonstruktion

a.

b.

c.

d.

2a–d. Fries des Reiterdenkmals des Aemilius Paullus, Rekonstruktion
(dunkel = römisches Heer, hell = makedonisches Heer)

a.

b.

c.

d.

3. Fries des Reiterdenkmals des Aemilius Paullus
a. Ostfries, b. Nordfries, c. Westfries, d. Südfries

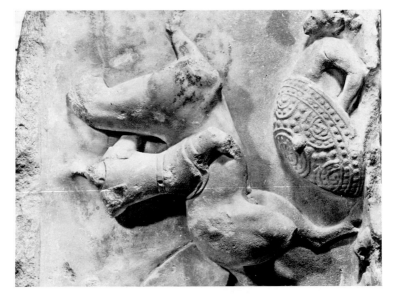

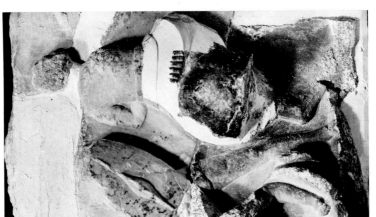

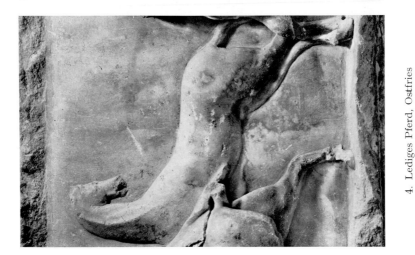

6. Siegreicher röm. Krieger, Südfries

5. Aemilius Paullus, Nordfries

4. Lediges Pferd, Ostfries

4–6. Fries des Reiterdenkmals des Aemilius Paullus, Ausschnitte

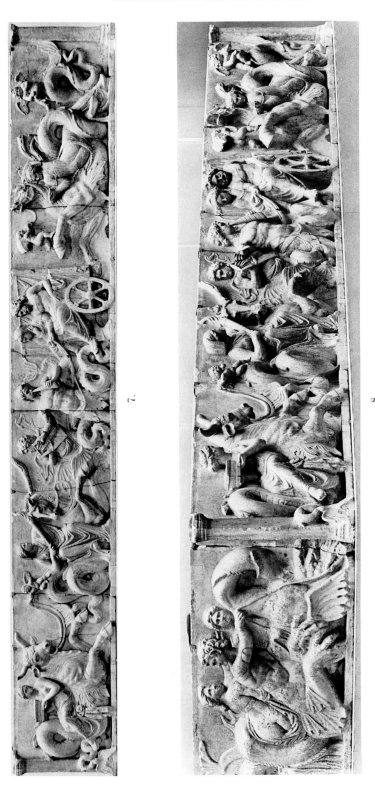

7, 8. Sog. Domitius-Ahenobarbus-Ara, See-Thiasos. München

9.

10.

9, 10. Sog. Domitius-Ahenobarbus-Ara, Ausschnitte aus dem See-Thiasos:
9. Poseidon und Amphitrite, 10. Meerdrachen, Nereiden usw.

11. Sog. Domitius-Ahenobarbus-Ara, See-Thiasos, Ausschnitt

a.

c.

12a–d. Sog. Domitius-Ahenobarbus-Ara, Census. Paris

b.

d.

b.

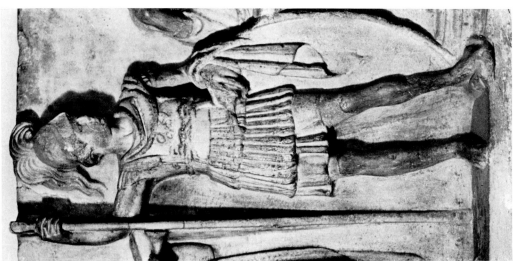

a.

13. Sog. Domitius-Ahenobarbus-Ara, Ausschnitt aus d. Census a. Mars, b. Opfernder Censor

Portraiture in the Roman Republic

by Ulrich W. Hiesinger, Philadelphia (Penna.)

List of Illustrations

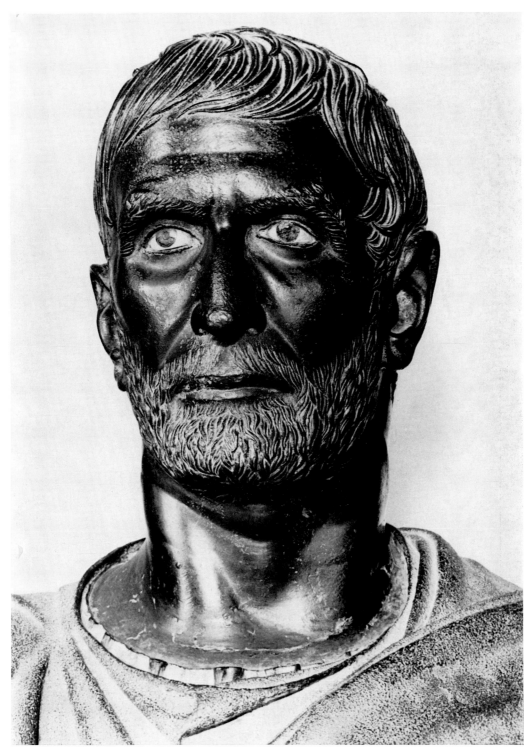

1. Bronze Portrait, so-called 'Brutus'. Rome

2. Roman with Ancestor Portraits, so-called 'Barberini' statue. Rome

3. Portrait identified as the Consul A. Postumius Albinus. Paris

4. Statue of a Republican General. Rome; cf. E. GAZDA, fig. 14

5. Portrait of an Unknown Man. Rome

6. Tomb Relief of Publius Gessius. Boston; cf. WINKES, Phys., Abb. 15

7. Terracotta Portrait based on a Death Mask. Paris

8. Terracotta Portrait Bust. Boston

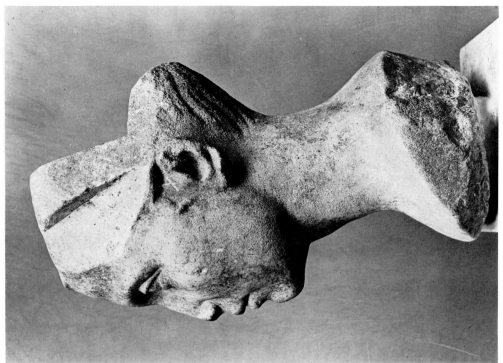

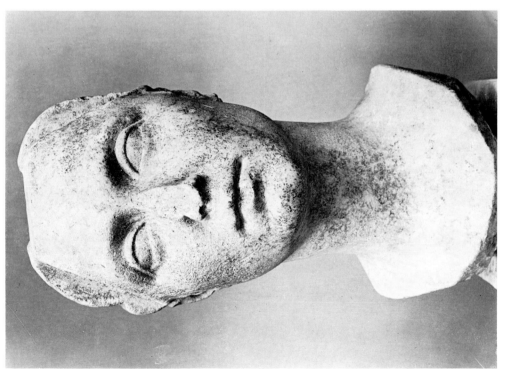

9. Portrait of a Young Woman. Rome

10. Portrait of Pompey. Copenhagen

11. Portrait of Julius Caesar. Turin

Origins of Roman Republican Portraiture:
Relations with the Hellenistic World

by James D. Breckenridge, Evanston (Ill.)

List of Illustrations

Fig. 20   Head of an unidentified man, Egyptian, late third century B. C. Boston, Museum of Fine Arts.

Fig. 21   Head of an unidentified man, Egyptian, late second century B. C. Providence, Rhode Island School of Design.

Fig. 22   Head of an unidentified man, Egyptian, late second century B. C. Berlin, Staatliche Museen (Photo: Dr. H. W. Müller).

Fig. 23   Head of a priest, Greek, c. 40 B. C. Athens, American School of Classical Studies. a. full-face, b. profile

1. Goldstater T. Quinctius Flamininus. Berlin

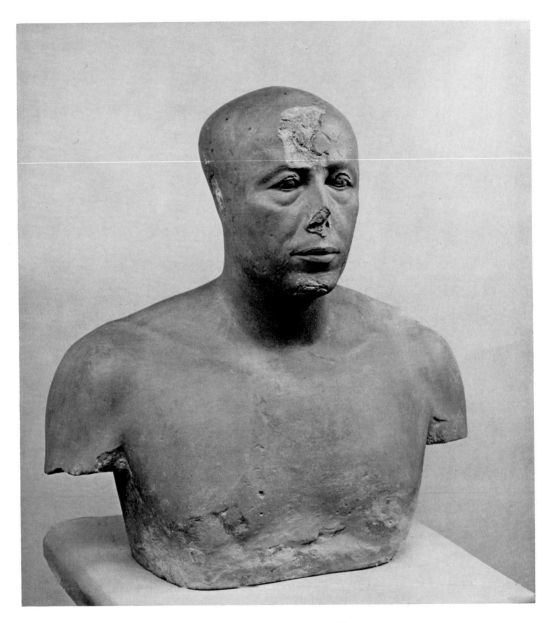

2. Bust of Ankh-haf, Egyptian. Boston

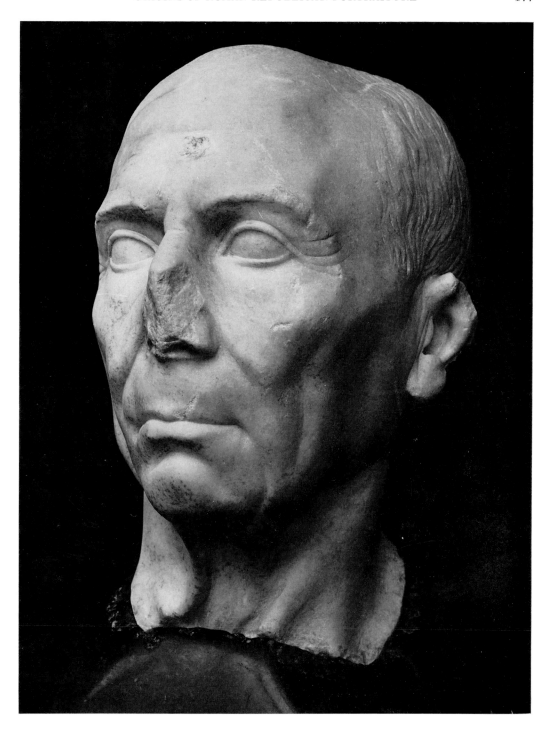

3. Unidentified Roman. Providence

4. Antiochus III.(?). Paris

5-16. Denarii:

5. C. Minucius Augurinus
6. L. Marcius Philippus
7. Cn. Cornelius Blasio
8. C. Coelius Caldus
9. L. Iunius Brutus
10. C. Servilius Ahala

11   12   13

14   15   16

11. D. Iunius Brutus
12. C. Antius Restio
13. C. Iulius Caesar
14, 15. Pompeius Magnus
16. P. Cornelius Lentulus Marcellinus

17. Etruscan head, terra cotta. Vatican

18. The so-called 'Vergil'. Copenhagen

19. Cicero. Vatican

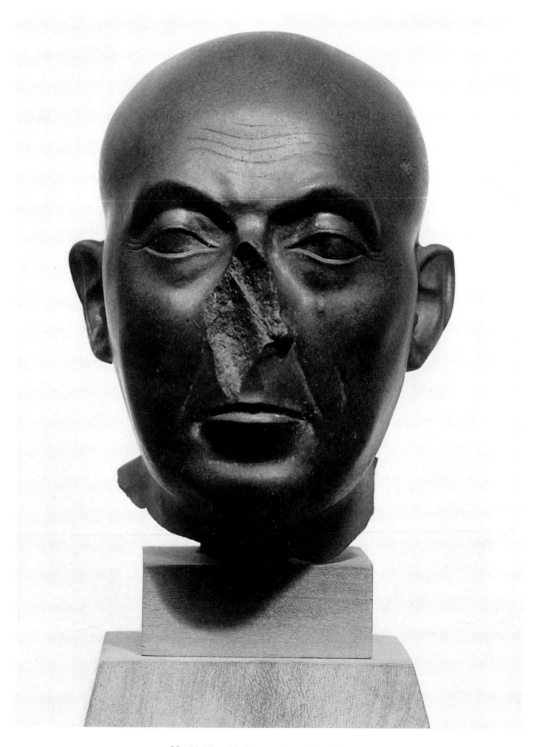

20. Unidentified man, Egyptian. Boston

21. Unidentified man, Egyptian. Providence

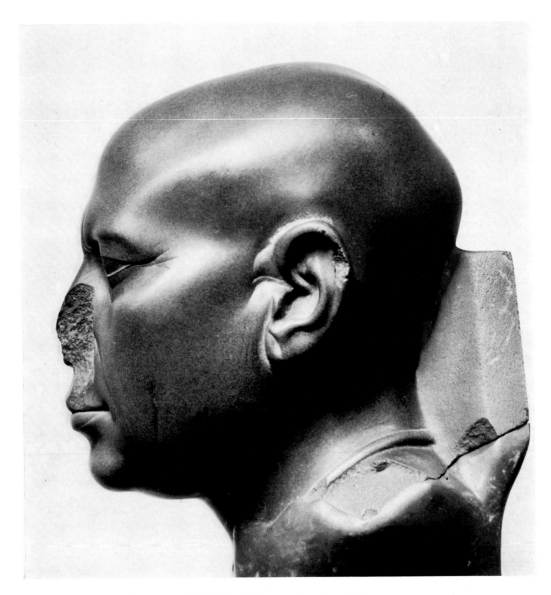

22. Unidentified man, Egyptian. Berlin

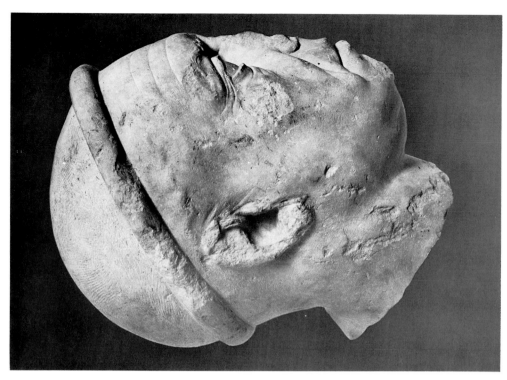

b.

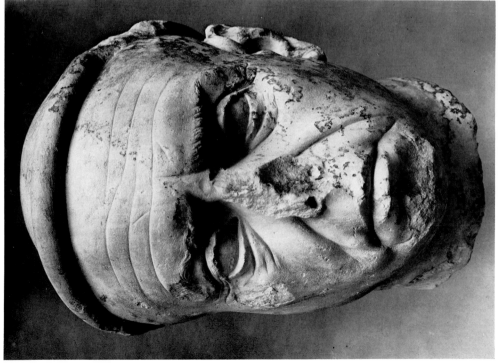

a.

23. Head of a Priest. Athens, a. full-face b. profile

Etruscan Influence in the Funerary Reliefs of Late Republican Rome:

A Study of Roman Vernacular Portraiture

by ELAINE K. GAZDA, Los Angeles (Calif.)

List of Illustrations

Fig. 15   Funerary Portrait of a Roman Woman. Rome, Lateran Museum, Inv. No. 263. Photo: Inst. Neg. 57.966.

Fig. 16   Detail (Man's Left Arm), Figure 12. Photo by the author.

Fig. 17   Detail (Woman's Left Hand), Figure 12. Photo by the author.

Fig. 18   Head of an Old Man: Fragment of a Relief. New York, The Metropolitan Museum of Art, Inv. no. 17.230.133. Photo: Courtesy of the Metropolitan Museum of Art, New York.

1. Relief of Blaesius and Blaesia. Rome

2. Late Etruscan Male Sarcophagus. Rome

3. Marble Bust of a Woman from Rheneia. Athens

4. Detail of Fig. 3

5. Portrait of a Young Scipio. Rome

6. Relief with Two Busts. Rome

7. Terracotta Bust of a Woman. Rome

8. Detail of Fig. 6

9. Portrait of 'Attalos' of Pergamon. Berlin

10. Head of Lars Pulena. Tarquinia

11. Relief with Two Standing Figures. Rome

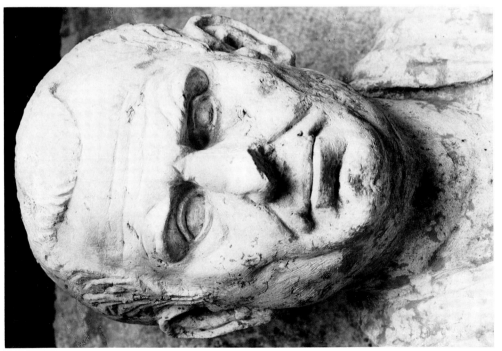

12, 13. Heads from Fig. 11

14. Head of a General, Rome; cf. HIESINGER, Fig. 4

15. Funerary Portrait of a Roman Woman. Rome

17. Woman's Left Hand

(Details from Fig. 11)

13. Man's Left Arm

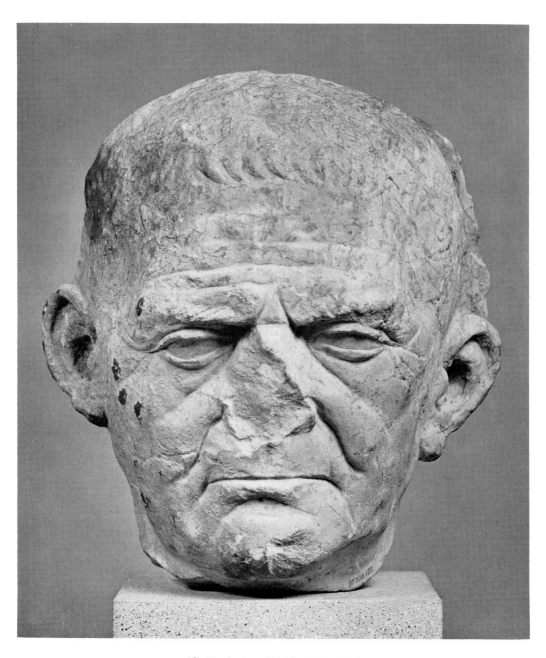

18. Head of an Old Man. New York

The Development of Portraiture on Roman Republican Coins

by Margarete Bieber, New York, N.Y.

List of Illustrations

b. The Capitoline Triad — Juno, Jupiter, Minerva

Fig. 10   *Denarius* minted by Q. Pompeius Rufus, 59 B. C.
Head of L. Cornelius Sulla (reverse)

Fig. 11   *Denarius* minted by M. Mettius, c. 44 B. C.
a. Head of Julius Caesar
b. Venus Victrix

Fig. 12   *Denarius* minted by P. Sepullius Macer, c. 44 B. C. (enlarged 2:1)
a. Head of Julius Caesar
b. Venus Victrix

Fig. 13   *Denarius* minted in 42—40 B. C.
Head of Julius Caesar (obverse)

Fig. 14   *Denarius* minted by Ti. Sempronius Graccus, 40 B. C.
Head of Julius Caesar (obverse)

Fig. 15   Bronze *sestertius* minted by Octavian in Italy, 37 B. C. (enlarged 2:1)
a. Obverse — Head of Octavian
b. Reverse — Head of the deified Julius Caesar

Fig. 16   *Denarius* minted by Cn. Domitius Ahenobarbus in the East, 41—40 B. C.
a. Head of L. Domitius Ahenobarbus
b. Prow with military trophy

Fig. 17   *Denarius* minted by P. Sepullius Macer, c. 44 B. C.
Veiled head of Marcus Antonius (obverse)

Fig. 18   *Denarius* minted by M. Antonius and D. Turullius in Asia Minor, 31 B. C.
Head of Antonius (obverse)

Fig. 19   *Denarius* minted by M. Antonius in Gaul, c. 42 B. C. (enlarged 2:1)
a. Head of Antonius
b. Facade of a distyle temple, with head of Sol within

Fig. 20   Bronze *as* minted by M. Antonius and L. Calpurnius Bibulus in Italy, 37 B.C.
Jugate heads of Antonius and Octavia (obverse)

Fig. 21   *Denarius* minted by M. Antonius in Asia Minor, 32—31 B. C.
a. Head of Antonius
b. Bust of Cleopatra

Fig. 22   *Denarius* minted by Cn. Pompeius Magnus and M. Minatius Sabinus in Spain,
46—45 B. C. (reduced in size)
a. Obverse — Head of Pompeius Magnus
b. Reverse — Hispania with departing Cn. Pompeius

Fig. 23   *Denarius* minted by Sextus Pompeius in Sicily, 42—38 B. C.
Head of Pompeius Magnus (obverse)

Fig. 24   *Denarius* minted by Q. Nasidius in Sicily, 38—36 B. C.
Head of Pompeius Magnus (obverse)

Fig. 25   *Aureus* minted by Sextus Pompeius in Sicily, 42—38 B. C.

a. Head of Sextus Pompeius

b. Heads of Pompeius Magnus and Cn. Pompeius, facing

Fig. 26 *Denarius* minted in the East, 29—27 B. C. (enlarged 2:1)

a. Head of Octavian

b. Triumphal arch, surmounted by a quadriga

Fig. 27 *Denarius* minted in Lugdunum, 15—12 B. C.

a. Head of Augustus

b. Apollo Kitharoidos

Fig. 28 *Denarius* minted in Lugdunum, 15—12 B. C.

a. Head of Augustus

b. Diana (classic)

Fig. 29 *Denarius* minted in Lugdunum, 11—9 B. C. (enlarged 2:1)

a. Head of Augustus, laureate

b. Diana, walking (archaistic)

Fig. 30 *Denarius* minted in Lugdunum, 8 B. C. (enlarged 2:1)

a. Head of Augustus, laureate

b. Augustus displaying *clementia* to barbarian and child

Fig. 31 Tetradrachm minted in Antioch, 5 B. C.

a. Head of Augustus, with oak wreath

b. Tyche of Antioch with the river god Orontes

Fig. 32 *Denarius* minted by C. Marius Tro. in 13 B. C.

a. Obverse — Head of Augustus

b. Reverse — Heads of Gaius and Lucius Caesar, with Julia in the center

Fig. 33 Bronze *as*, undated (reduced in size)

a. Head of M. Agrippa

b. Neptune

Fig. 34 *Denarius* minted in Lugdunum, undated

a. Head of Tiberius, laureate

b. Livia as Pax, seated

Fig. 35 Bronze coin, of unknown mint and unknown date (enlarged 2:1)

a. Head of Livia

b. Hexastyle temple

Fig. 36 Bronze *dupondius* minted in 22/23 A. D. (reduced in size)

a. Bust of Livia as Salus

b. Large SC

Fig. 37 Bronze *dupondius* minted in 22/23 A. D. (reduced in size)

a. Bust of Livia as Justitia

b. Large SC

Fig. 38   Bronze *dupondius* minted in 22/23 A. D.
     a. Bust of Livia as Pietas
     b. Large SC

All the negatives are from the American Numismatic Society, New York. The prints were made by the photographer of the A. N. S., except for Nos. 3—6, 9—11, 16, 22, 25, 27, 32—34, 36—38 which were made by the photography division in the Department of Art, History and Archaeology, Columbia University, New York. All prints are exact reproductions of the coins, except for those which are marked as enlarged or reduced in size. All coins were minted in Rome unless otherwise indicated.

1a   2a   3a

1b   2b   3b

4a   5a   6a

4b   5b   6b

1 and 3. Head of Roma
2. Head of a man
4—6. Roman Kings

7a   8a   9a

7b   8b   9b

10   12a   13

11a

11b   12b   14

7—10. Historical Ancestors.   11—14. Julius Caesar

15a

16a

16b

17

18

15b

19a

19b

21a

20

21b

15—21. Julius Caesar

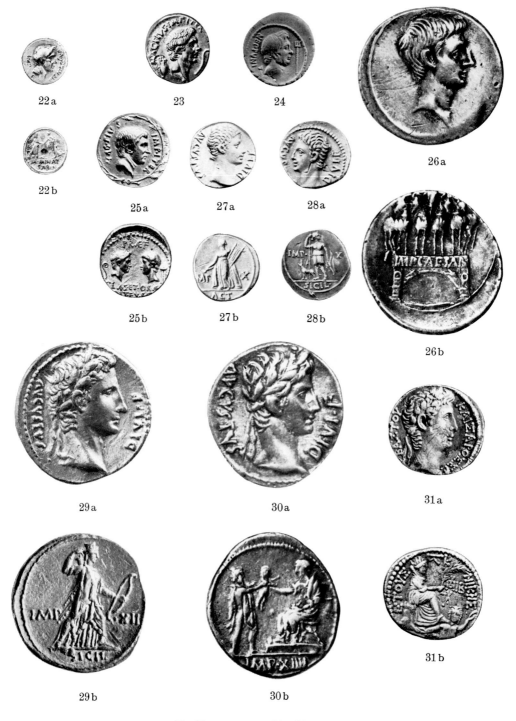

22a   23   24

22b

26a

25a   27a   28a

25b   27b   28b

26b

29a   30a

31a

29b   30b

31b

22—25. Pompeius   26—31. Augustus

32. Augustus, Julia, Gaius and Lucius. — 33. Agrippa — 34. Livia as Pax — 35. Livia Tempel —
36. Livia as Salus — 37. Livia as Iustitia — 38. Livia as Pietas

Physiognomonia:
Probleme der Charakterinterpretation Römischer Porträts

von ROLF WINKES, Providence (R I.)

Abbildungsverzeichnis

Abb. 25   Augustus. Neapel, Nationalmuseum.

Abb. 26   Cybele. Malibu, J. Paul Getty Museum.

Abb. 27   Denar des Augustus. Berlin, Staatliche Museen (DDR).

Fotonachweis:

Courtesy American School of Classical Studies, Athen, Abb. 10, 11, 23.
Courtesy of Trustees of British Museum, London, Abb. 6, 7, 9, 13.
Deutsches Archäologisches Institut, Rom, Abb. 3, 5, 14, 25.
Courtesy J. Paul Getty Museum, Malibu Beach, Abb. 26.
Courtesy Museum of Fine Arts, Boston, Abb. 1, 15, 22.
Courtesy Ny Carlsberg Glyptothek, Kopenhagen, Abb. 3, 4, 17, 18.
Courtesy Rheinisches Landesmuseum, Bonn, Abb. 20.
Courtesy Archäologisches Seminar, München 2
Courtesy Archäologisches Institut, Tübingen, Abb. 3, 4.
Courtesy Staatliche Münzsammlung, München, Abb. 8.
Courtesy Schweiz. Landesmuseum, Abb. 19.
Courtesy Staatliche Museen Preußischer Kulturbesitz, Berlin, Abb. 12.
Courtesy Staatliche Museen, Berlin (DDR), Abb. 27.

1. Alexander. Boston

2. Doryphoros. München

3. Augustus von Primaporta. Rom

4. Caligula. Kopenhagen

5. Caracalla. Neapel

6. Denar des Sergius Silus. London

7. Vercingetorix auf einer Münze
Caesars. London

8. Gallierin auf einer Münze. München

9. Gallia auf einer Münze. London

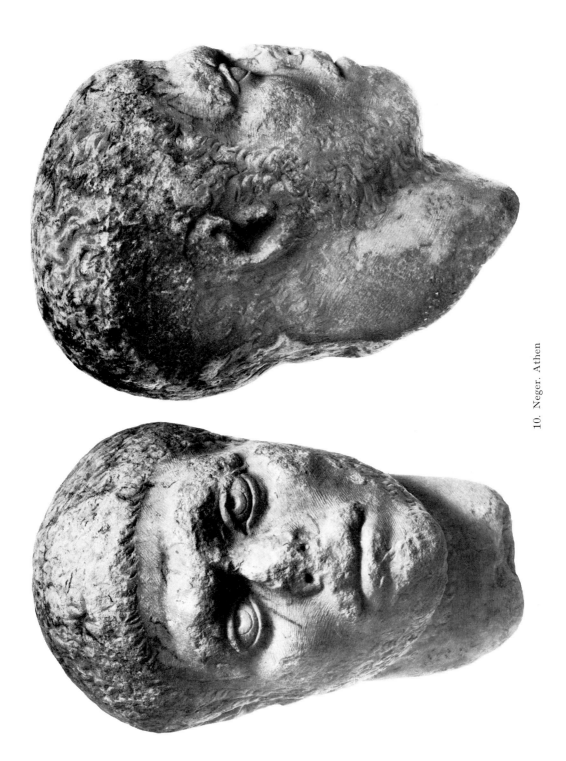

10. Neger. Athen

11. Negerin. Athen

12. Vase des Asteas. Berlin

13. Terrakottastatuette. London

14. Mosaik des Dioskurides. Neapel

15. Grabstein des Gessius. Boston (vgl. oben HIESINGER, Fig. 6)

16. Sarkophagdeckel. Rom

17. Livia. Kopenhagen

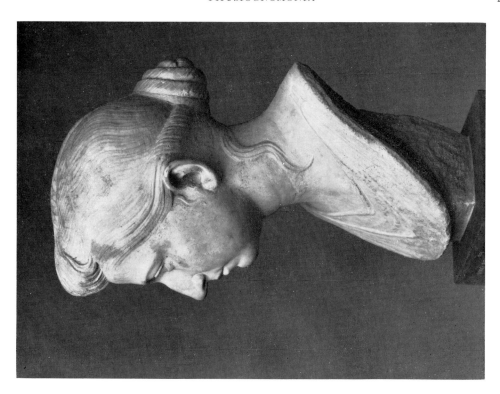

18. Mädchen. Kopenhagen

19. Diptychon des Areobindus. Zürich

20. Grabstein des M. Caelius. Bonn

21. Grabrelief. Rom

22. Matrone von Pozzuoli. Boston

23. Damaskenos. Athen

24. Knabe. Madrid

25. Augustus. Neapel

26. Kybele. Malibu

27. Denar des Augustus. Berlin

Zum Illusionismus Römischer Wandmalerei der Republik

von R. WINKES, Providence (R. I.)

Abbildungsverzeichnis

Abb. 1   Pompeii, Casa del Fauno, Zweites Peristyl (nach MAU, Wandmalerei, Taf. 1a).

Abb. 2   Pompeii, Casa del Labirinto, Oecus 43 (Photo: DAI Rom).

Abb. 3   Rom, Palatin, Greifenhaus, Cubiculum II (nach WESENBERG, Marburger Winckelmannprogramm 1968, Abb. 1).

Abb. 4   Pompeii, Villa dei Misteri, Oecus 6 (nach WESENBERG).

Abb. 5   Villa dei Misteri, Großer Fries (nach BRENDEL, JdI 81, 1966).

Abb. 6   Boscoreale-Cubiculum, Ausschnitt. New York, Metrop. Mus. Neg. Nr. 177992.

1. Casa del Fauno, Zweites Peristyl. Pompeji

2. Casa del Labirinto. Pompeji

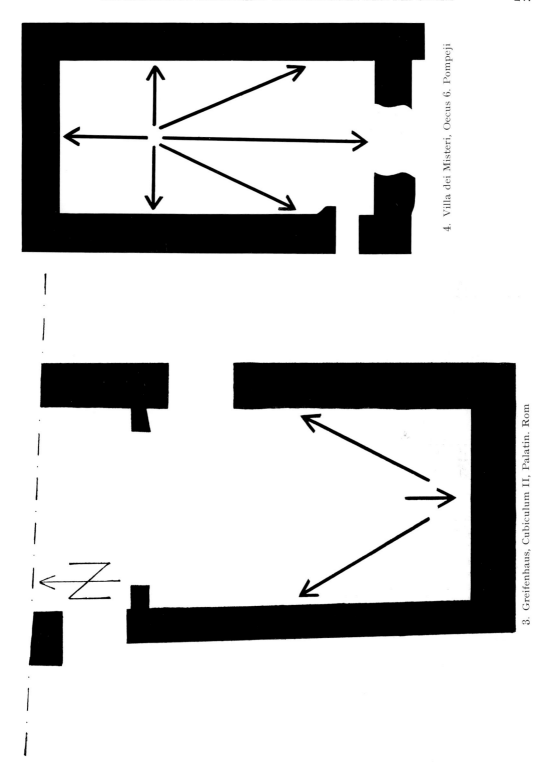

4. Villa dei Misteri, Oecus 6. Pompeji

3. Greifenhaus, Cubiculum II, Palatin. Rom

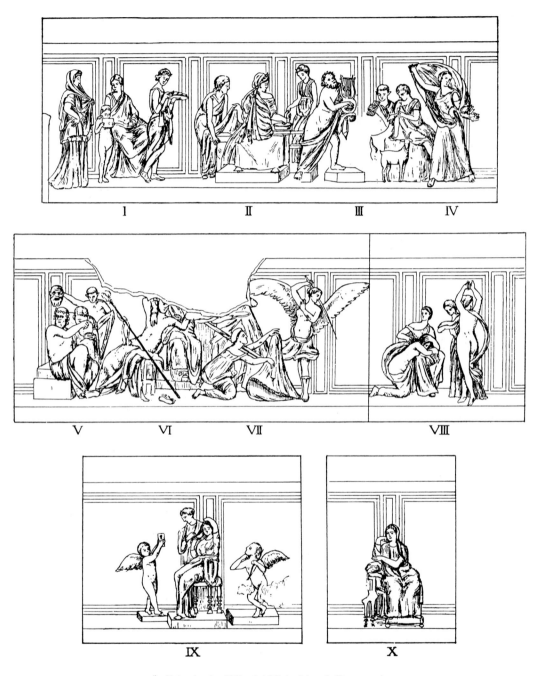

5. Fries in der Villa dei Misteri (nach BRENDEL)

6. Boscoreale-Cubiculum. New York (vgl. unten K. Schefold, Abb. 1)

Caesars Epoche als goldene Zeit römischer Kunst

von KARL SCHEFOLD, Basel

Abbildungsverzeichnis

1. Schlafzimmer, Villa von Boscoreale. New York

2. Linke Hauptwand von Abb. 1: linke Stadtansicht

3. Linke Hauptwand von Abb. 1: Heiligtum der Hekate-Isis

4. Linke Hauptwand von Abb. 1: rechte Stadtansicht

5. Schlafzimmer, Mysterienvilla bei Pompeji

6. Auffindung des Mosaiks der Alexanderschlacht

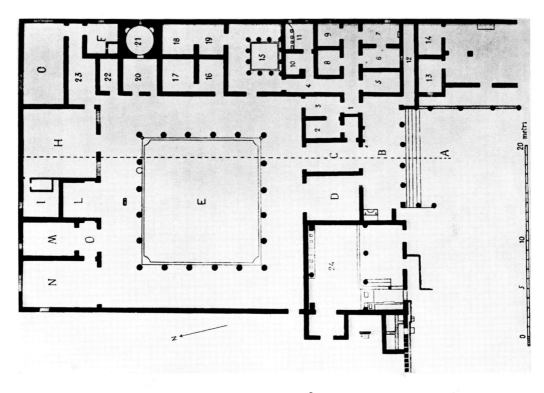

7. Villa Publica. Denar des P. Fonteius Capito

8. Villa von Boscoreale. Grundriß

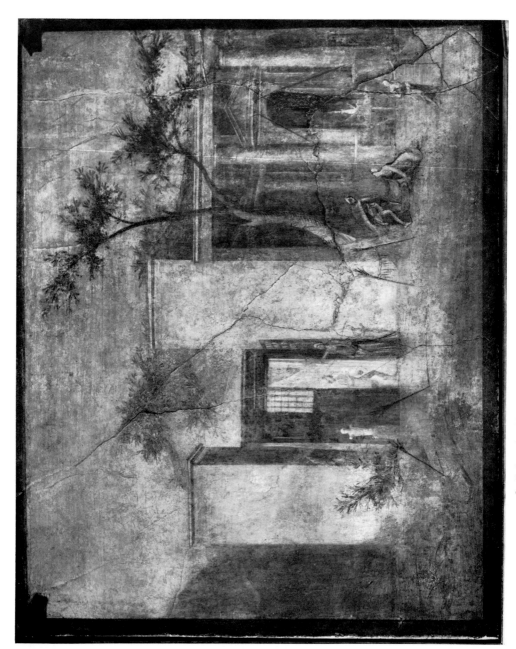

9. Palast der Kirke. Mittelbild der Odysseelandschaften. Vatikan

10. Schiffbruch. Gruppe in Sperlonga

11. Sog. Ptolemäerbecher. Paris

12, 13. Silberbecher von Hildesheim. Berlin

14. Tazza Farnese. Neapel

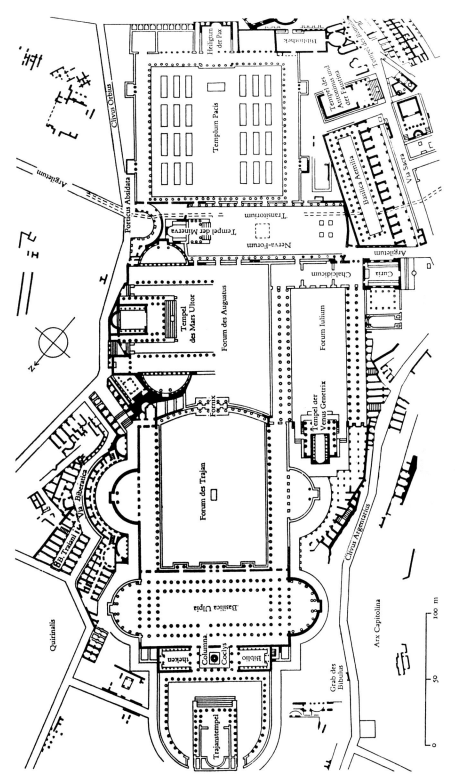

15. Plan der Kaiserfora in Rom

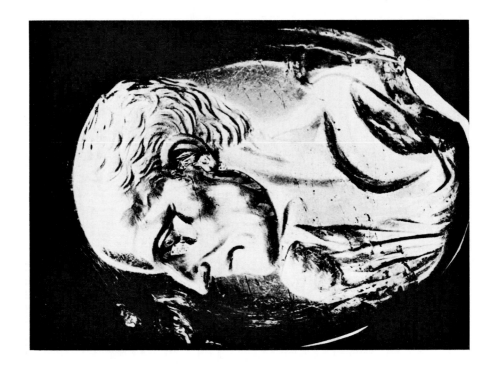

16a,b. Ennius(?) Amethystgemme. New York